식물 심리치유 에세이

작은 생명이 건넨 위대한 위로

식물 심리치유 에세이

작은 생명이 건넨 위대한 위로

최영애 지음

예담

내려갈 때 보았네
올라갈 때 보지 못한
그 꽃

— 고은, 「순간의 꽃」 중에서

차례

Part 2 식물에서 배우는 것들

Part 3 식물의 위로

고사리 하나에 담긴 우주

　이 책을 쓰기로 마음먹고 나서도 꽤 오랫동안 원고를 시작하지 못했습니다. 그동안 식물이 우리에게 주는 치료와 치유 효과, 그리고 자연과 사람 사이에서 일어나는 놀라운 일들에 대해 몇 권의 책을 쓰고 번역했지만, 그것들은 모두 나와 같은 길을 가고자 하는 사람들에게 도움을 주기 위해 준비한 '교과서'였습니다.

　2012년 무더운 여름의 어느 토요일, 서울에서 안양까지 찾아왔던 기획자가 원한 것은, 페이지를 펼치고 활자를 손바닥으로 훑으면 보송보송한 감촉이 느껴질 것만 같은 그런 책이었습니다. 그와 같은 책을 쓸 재주가 없다는 걸 누구보다 잘 알면서도 그러자고 고개를 끄덕였던 건 어쩌면 허리를 다쳐 제대로 걷지도 못하면서 먼 길을 찾아온 사람의 성의 때문이었는지도 모릅니다(실제로 그 기획자는 거의 실려 오다시피 했거든요).

약속을 지키지 못하고 있다는 미안함, 과연 내가 이 책을 쓸 수 있을까 하는 두려움, 하지만 우선 나부터라도 그런 책을 꼭 읽어보고 싶다는 바람 속에서 갈팡질팡하며 시간을 보냈습니다. 그러던 어느 날, 메일이 왔습니다. 그 기획자가 보낸 것이었습니다. 앞부분의 인사는 생략하고 뒷부분만 여기에 옮겨보겠습니다.

며칠 전, 술을 잔뜩 먹고 와서는 작은방에서 혼자 잠이 들었습니다. 창가로 어슴푸레 여명이 스며드는 새벽에 심한 갈증을 느끼며 잠에서 깨었습니다. 그런데 놀랍게도 제 눈앞에 푸른 잔디가 깔린 언덕이 펼쳐져 있었습니다. 언덕 가장 높은 곳에는 나무 두 그루가 서 있었습니다. 순간 제 두뇌가 혼동을 일으켰습니다. 제가 간밤에 술을 마셨다는 사실도, 지금 제가 누워 있는 곳이 저희 집 작은방이라는 사실도 까맣게 잊어버렸습니다. 꿈인지 생시인지 분간할 수 없는 가운데 저는 그 언덕을 바라보며 마음이 참 편안해졌습니다. 푹신한 언덕을 굴러 내려가는 아이들의 청아한 웃음소리를 들은 것만 같았습니다. 나무에 연인의 이름을 새기는 순진한 남자를 본 것도 같았습니다. 저는 마치 구름에 떠 있는 것 같은 편안함 속에서 다시 잠이 들었습니다.

기획자는 그날 잠결에 보았던, 두 그루의 나무가 자라고 있는 언덕 사진도 같이 보내왔습니다. 다음에 있는 것이 바로 그 사진입니다.

사진을 보며 의아했습니다. 메일을 읽으면서 나는 기획자가 그 언덕을 본 것은 꿈속에서 일어난 일일 거라고 지레짐작했었거든요. 그런데 메일에서 설명하고 있는 풍경을 사진으로 직접 만나니, 놀랍지 않을 수 없었습니다.

하지만 의문은 곧 풀렸습니다.

날이 밝고 잠에서 깨었습니다. 그리고 새벽녘 보았던 그 언덕의 정체가 밝혀졌습니다. 그것은 부서진 기와 조각에 흙을 얹고 이끼를 깐 위에 심어놓은 고사리였습니다. 얼마 전 절에 다니는 동생 녀석이 만들어서 저희 부부에게 선물한 것이었습니다. 저는 그 고사리를 집 안에 들여놓고 제법 애지중지했는데, 그날 술김에 그걸 들여다보다가 모로 누운 채 잠이 든 모양이었습니다.

제가 좀 볼썽사나운 꼴로 처음 찾아갔던 날, 한 알의 작은 씨앗에 세계가 담겨 있다고 하셨던 선생님의 그 말씀을 이제야 알게 되었습니다. 그날 이후 그 고사리 화분은 더 이상 제게 작은 화분만은 아니게 되었으니까요. 하나의 식물 속에 완성된 세계가 있다는 사실을 저는 깨달았습니다.

참 흐뭇했습니다. 저로 인해 식물의 세계에 새롭게 눈을 뜬 사람이 생겼다는 사실이 즐거웠습니다. 그리고 이 세상에 같은 생각을 품고 살아가는 사람  이 한 명 더 늘었다는 사실에 안도하고 감사했습니다.

그제야 오랫동안 미루었던 일을 시작했습니다. 이 책을 쓰는 이유는 화려한 문장과 수사를 뽐내려는 것이 아니라, 그동안 직접 보고 만지고 듣고 느꼈던 소중한 경험을 많은 사람들과 나누려는 것이라는 점을, 다만 진솔하게 내 마음과 생각을 전하면 된다는 것을 알았습니다. 그리고 이 책을 함께 만들어가는 든든한 우군이 있다는 사실이 마음을 가볍게 해주었습니다. 무엇을 쓸지 고민하지 말고 무엇을 나눌지 고민한다면 오래지 않아 제 앞에 놓인 이 빈 노트를 풍성하게 채울 수 있을 것이라는 야무진 자신감도 생겼습니다.

저는 지난 30여 년 동안 어린 아이들을 가르치고 식물을 공부하고 자연이 우리에게 주는 여러 가지 신비로운 선물들에 대해서 연구해왔습니다. 그 일들을 통해 모든 생명은 하나의 완전한 세계를 이루고 있다는 사실을 깨달았고, 식물이 얼마나 경이로운 존재인지 알게 되었으며, 왜 인간은 식물에 기대어 살아갈 수밖에 없는지, 식물과 함께할 때 우리의 삶이 얼마나 달라질 수 있는지도 깨달았습니다. 자연과 사람은 이 세계 안에서 서로 연결되어 있습니다. 때문에 모든 생명과 생명 사이에는 교감과 소통이 가능합니다. 이러한 사실을 깨달을 때 우리는 어떻게 이 세계를 바라보아야 하는지 어렴풋이나마 알게 되고, 또 '나'라는 존재에 담긴 의미, 그 깊은 곳을 들여다볼 수 있게 됩니다.

저는 여러분보다 더 나을 것이 없는 보통 사람입니다. 하지만 이 세상에서 가장 어리석은 사람도 타인이 알지 못하는 비밀 한 가지는 품고 살아가듯, 저 역시 아직 많은 사람이 체험하지 못한 경험을 갖고 있습니다. 그것을 여러분과 나누고자 합니다.

이 책의 기획자가 손바닥만 한 고사리 화분에서 하나의 세계를 발견한 것처럼, 이 책을 함께 읽어나가는 독자 여러분도 작은 생명 속에 담긴 우주를 찾게 되기를 희망합니다. 하지만 무엇보다도 생명이 우리에게 선사하는 경이로운 기회를 통해 여러분 한 사람 한 사람이 이미 '완성된 의미'라는 사실을 깨닫게 되기를 기원합니다.

Part I

식물이라는
선물

내일은 좀 더 나아질 거라는 희망

2008년이었습니다. 한 공공 기관의 사회복지사에게 연락이 왔습니다. 기관에 의탁하고 있는 사람들을 사회로 복귀시키기 위한 재활 프로그램을 진행하려 하는 데, 도움을 줄 수 없느냐고 했습니다. 저는 그 제안을 선뜻 받아들이지 않고 "제가 뭐 하는 사람인 줄 아세요?"라고 되물었습니다. 그 사회복지사는 잘 알고 있다고 답했습니다.

그와 같은 질문을 했던 이유는 당시만 해도 '원예치료'라는 분야에 대한 대중적인 인식이 부족했기 때문입니다(물론 지금도 널리 알려진 것은 아닙니다). 단순히 '치료'라는 단어에만 의미를 두어 필자를 병든 식물을 고치는 사람으로 착각하는 분들이 꽤 있었거든요. 원예치료를 충분히 이해하지 못한 이로부터 프로그램을 의뢰받았던 경험이 몇 번 있었기에 미리 확인을 했습니다. 다행히 그 사회복지사는 제가 무슨 일을 하는지 정확히 알고 있었습니다.

"하지만 원예치료는 꽤 긴 시간을 필요로 합니다."

사회복지사는 잠깐 머뭇거리더니 솔직하게 털어놓았습니다.

"예산이 부족해서 한 2개월 남짓밖에 프로그램을 진행하지 못할 것 같습니다. 그래도 꼭 도와주셨으면 합니다. 식물을 기를 수 있는 정원도 딸려 있어서 선생님께서 프로그램을 진행하시기에 장소는 적합할 겁니다."

가진 것을 나누는 일은 항상 즐겁습니다. 하지만 제가 가진 것을 온전히 나누기에 2개월은 턱없이 부족한 시간이었습니다(정확히 1개월 보름이었습니다). 그러나 그 기간을 연장하는 것은 내게 연락을 한 사회복지사의 재량권 밖에 있는 일이었습니다. 2개월이 채 안 되는 시간이라도 더 많은 것을 주고자 한다면 소기의 목적은 달성할 수 있을 것이라고 생각을 돌리며 그러자고 했습니다.

"제가 가야 할 곳이 어디죠?"

"탈(脫) 성매매 여성들의 '쉼터'입니다."

순간, 가슴 한 곳이 콕콕 쑤셨습니다. 성(性)을 생계 수단으로 삼을 수밖에 없었던 사람들의 마음이 전해져오는 듯했습니다. 그리고 한편으로는 두렵기도 했습니다. 지금까지 살아오면서 다양한 부류의 많은 사람들을 만났지만, 그처럼 독한 환경에서 살아온 사람들과 만나는 것은 처음이었으니까요.

사회복지사와 전화를 끊고 나서 많은 생각을 했습니다. 어떻게 할까, 무엇으로 할까, 함께 무엇을 할 수 있을까, 어떤 이야기를 주고받아야 할까……. 오랫동안 공부를 하면서 지식과 경험을 쌓았고 그걸 인정받아 학위도 받았습니다. 수십 차례의 경험을 통해서 어떤 방법으로 프로그램을 진행해야 하는지 노하우도 갖고 있었습니다. 하지만 사람을 대하는 일은 항상 전문지식 그 너머의 일입니다. 어떨 때는 책을 통해서 배운 것이 아무런 소용이 없어질 때도 있죠. 아는 것을 고집해서도 안 됩니다. 열 사람을 만나면 열 가지의 다른 길이 있고, 백 사람을 만나면 백 가지의 다른 새로운 길이 생겨납니다. 사람을 만날 때는 마음과 마음이 만나야 합니다. 그게 빠지면 오히려 상처가 커지기도 합니다.

며칠 뒤 저는 서울의 정릉동에 위치한 '쉼터'로 찾아갔습니다. 앞으로 두 달 남짓 나와 만나게 될 이들은 이십대 초·중·후반의 여성으로, 모두 세 명이었습니다. 그들은 심드렁한 표정으로 인사를 나누고는 낯선 이와 눈을 마주치지 않겠다는 듯 고개를 모로 돌렸습니다. 그들의 표정에서 고단함을 엿보았습니다. 지금 머물고 있는 쉼터를 비롯한 몇몇 기관을 거치는 동안 그들은 지속적으로 '재활' 내지는 '갱생'이라는 이름의 훈련과 프로그램을 소화해왔겠지요. 하지만 그들에게 그 일들은 기관이 마련했으니 따라야 할 일종의 요식행위나 숙제 같았을 겁니다. 그들은 속으로 이렇게 말하는 듯했습니다.

'또 지겨운 선생 하나가 왔군, 쳇.'

특히 스물여섯 살인 K의 적대감이 유난히 강했습니다. 이십대 초반인 '동생'이 이제 다시 시작할 삶에 대해 약간의 설렘과 두려움을 가지고 있다거나, 이십대 후반인 '언니'가 세상의 눈치를 보기 시작한 것과 달리 이 스물여섯의 아가씨는 단 한 번도 자신의 삶을 자기 뜻대로 해보지 못한 데 대한 분노가 유난히 컸습니다.

그들과 처음 만났을 때, 다른 것은 일절 묻지 않았습니다. 그냥 그들에게 작은 씨앗을 나누어주었습니다.

"앞으로 우리가 기를 친구예요. 어려운 일은 아니니까, 함께 잘해보도록 해요."

첫날은 내가 준비해간 씨앗을 정원에 심는 것으로 시작했습니다.

내가 그 친구들에게 나누어준 씨앗은 빨간색의 작은 래디시(radish)였습니다. 래디시는 붉은 색의 뿌리채소로, 우리나라에서는 '20일무'라고도 부릅니다. 기온이 적당하면 20일 만에 수확이 가능하기 때문에 이런 이름이 붙었습니다. 2개월 남짓이라는 짧은 시간 동안 어떤 것을 함께 기르면 좋을까 고심하다가 생명 주기가 짧은 래디시를 선택했습니다. 쉼터의 친구들이 잘 보살핀다면 우리가 헤어질 무렵에는 작고 야무지고 탐스러운 채소를 수확할 수 있을 것입니다.

쉼터의 친구들이 해야 할 일은 래디시를 돌보고 잘 기르는 것만이 아닙니다. 그들은 내가 나누어준 관찰일지에 래디시가 자라는 모습을 기록하고 그 변화를 지켜보면서 느낀 점을 솔직하게 적어야 합니다. 한 가지가 더 있습니다. 우리는 이번 프로그램의 제목을 '나를 찾아가는 길'로 정했습니다. 쉼터의 친구들은 일정한 시간 간격을 두고 자신의 생각을 평가지에 적어야 합니다. 평가지를 작성하는 방법은 아주 간단합니다.

나는 _____

삶은 _____

그러므로 나는 _____

이 세 가지 항목의 빈칸을 채우기만 하면 됩니다. 쉼터의 친구들을 위해서 여기에 한 가지 항목을 추가했습니다.

희망이란 _____

텃밭에 씨앗을 심고 물을 준 뒤에 쉼터로 돌아갔습니다. 그리고 세 친구에게 평가지를 나누어주었습니다.

"평가지에 자신의 생각을 솔직하게 적어보세요."

거기에 K는 이렇게 적었습니다.

희망이란 절망의 다른 이름

　그렇습니다. 우리는 번번이 희망에게 속임수를 당해왔습니다. 우리 대부분은 어쩌면 내일은, 다음 주쯤이면, 봄이 찾아오면, 한 살 더 먹으면 지금보다는 나은 시간이 찾아오리라는 기대를 품고 살아갑니다. 하지만 삶은 번번이 그 기대를 무너뜨리고 맙니다. 많이 기대하고 많이 희망할수록 더 크게 절망하고는 합니다.

　희망을 저주했던 K는, 어쩌면 다른 사람들보다 더 간절히 기대하고 희망했는지도 모릅니다. 어둡고 힘든 시간을 보내면서도 자신의 처지가 나아지리라는 희망을 놓지 않았을 겁니다. 그렇게 한 해 두 해 세월이 쌓이는 동안 더욱 간절히 희망하고 더욱 간절히 기대했을 겁니다. 그러다 어느 순간 모든 걸 놓아버렸을 테죠. 그때부터 삶에 기대하고 희망했던 자신의 마음을 미워하게 되었을 겁니다. '희망이란 절망의 다른 이름'이라는 K의 글은 역설적이게도 굴레에서 벗어나고자 했던 과거 그녀의 바람과 희망이 얼마나 강했는지를 말해주고 있었습니다.

쉼터의 프로그램이 끝나가던 무렵에 알게 된 사실이지만, K의 아버지는 군인이었습니다. 군인정신이 투철했던 아버지는 집에서도 '군인'이었습니다. 엄격함이 지나쳐 딸의 사생활 하나하나까지 단속했습니다. K는 아버지에게 따뜻한 '아버지'를 기대했지만, 그녀의 아버지는 단 한 번도 '따뜻한 아버지'였던 적이 없었습니다. 사춘기를 지나면서 K는 숨이 턱턱 막히는 집안 분위기를 도저히 견딜 수 없어 집을 나왔습니다. 어린 소녀가 바깥세상에서 할 수 있는 일은 거의 없었습니다. 때문에 몸이나 잠시 의탁하자고 찾아갔던 한 유흥업소에서 길을 잘못 들어 너무나도 어린 나이에 '직업여성'이 되었습니다.

K는 뭇 남성들을 상대하는 동안 자존감을 잃어갔습니다. 자기 자신을 수치스러워하게 되었습니다. 자신이 원망스러웠고 아버지를 증오했으며, 그러면서도 희망을 버리지 못하는 자신의 마음을 저주하게 되었습니다.

가까스로 성매매업소를 벗어났지만 '쉼터'에 몸을 의탁한 뒤에도 K는 자아를 회복하지 못했습니다. K뿐만이 아닙니다. 탈 성매매 여성을 위한 기관에 머무르는 이들 대부분은 여러 가지 어려움을 겪고 있었습니다. 정서는 불안정했고 무력감과 죄책감에 시달리며 우울증 증세를 보였습니다. K는 정도가 조금 지나쳐서 자신과 세상에 대한 분노가 강했습니다. 그래서 곧잘 신경질을 부리고는 했습니다. 일을 의뢰했던

사회복지사는 제가 쉼터에 찾아가기 전에 미리 귀띔을 해주었습니다. 그녀가 그동안 쉼터에 있으면서 문제를 자주 일으켰다고 하더군요. 어쩌면 이번이 K에게 주어진 마지막 기회일지도 모른다고 했습니다. K에게 국가와 정부기관에서 진행하는 각종 프로그램은 아마 시시하기만 했을 겁니다. 무료하고 지루한 시간을 보내면서 그녀는 자신이 가야 할 길이 이미 정해져 있는지도 모른다는 생각을 하기에 이르렀습니다. 우리가 만난 때가 바로 그 무렵이었습니다.

쉼터에 두 번째 찾아갔던 날, '동생'과 '언니'는 일주일 전과는 달리 제법 친근하게 인사를 건넸습니다. 하지만 K는 여전히 차가웠습니다. 개의치 않았습니다. 일주일 만에 달라지기를 기대하는 건 지나친 욕심이니까요. 그러면서 한편으로는 마음을 굳게 먹었습니다. 아무리 쌀쌀맞게 굴어도 나는 표정 하나 변하지 않겠노라고 다짐했습니다. 물론 마음이 여린 저에게 그것은 참 힘든 일일 테지만요.

2주일이 되었을 때 래디시는 싹을 틔웠습니다. 보드라운 흙을 뚫고 파란 새순이 돋아났습니다.

"잘 돌봤나 봐요. 아주 잘 자라네."

그때 가장 어린 친구가 고자질을 했습니다.

"언니(K를 가리킵니다) 것은 내가 돌봤어요. 언니는 자기 걸 쳐다보지도 않아요."

그러고 보니 '동생'과 '언니'는 관찰일지도 꼼꼼하게 잘 기록했는데,

K는 베껴서 낸 티가 확 났습니다. 그렇게 계속하면 안 된다는 생각이 들었습니다. 스스로 래디시를 기르지 않으면 이 교육은 아무런 의미가 없기 때문입니다. 그래서 K에게 말했습니다.

"이 아이들(래디시를 가리킵니다)은 꼭 스스로 돌보고 길러야 해요. 관찰일지를 안 써도 좋고 평가지를 내지 않아도 좋으니까, 꼭 직접 기르도록 하세요. 식물에게도 마음이 있다는 생각 안 해봤어요? 사랑을 주지 않으면 이 아이들도 외로움을 탈 거예요."

그때까지 나는 K의 가정사나 그녀가 지나온 삶에 대해 전혀 몰랐습니다. 하지만 나의 그 말이 K에게 자극을 준 듯했습니다. 세 번째 찾아갔을 때 K는 내가 열외로 해준 관찰일지를 제출하는 성의를 보이기도 했으니까요. 그 관찰일지는 베껴서 쓴 것이 아닌, 생명을 기르고 보살피는 따뜻한 마음을 담고 있었습니다.

그리고 K는 평가지에 이렇게 적었습니다.

희망은 마음을 아프게 한다

쉼터의 세 친구는 훌륭한 학생들이었습니다.
그녀들은 자신이 희망하는 마음을 담아 꽃잎과 식물로 정성스러운 카드를 만들기도 했습니다. 래디시는 세 사람의 보살핌 속에 무럭무럭 자랐습니다. 가장 고마웠던 건, 그 친구들이 제가 진행하는 프로그램을 재미있어 한다는 사실이었습니다. 저마다 자신의 래디시에 이름을 붙였고, 누구 것이 더 잘 자라는지 은근히 경쟁을 하기도 했습니다. 만나는 횟수가 거듭되면서 그들은 저에게 좀 더 친근하게 다가왔습니다.

K는 어땠을까요? 실망스럽게도 별다른 변화가 없었습니다. 하지만 자신의 래디시를 정성스럽게 보살피는 것만은 분명했습니다. '숙제'도 착실히 했고, 평가지에 써내는 '희망'의 모습도 조금씩 달라지고 있었으니까요. 그것만으로도 충분했습니다. 저에게 살갑게 굴지 않아도, 여전히 쌀쌀맞은 표정으로 앉아 있어도 충분히 기뻤습니다.

그리고 마지막 날이었습니다. 드디어 래디시를 수확하는 순간이 다가왔습니다. 세 사람이 키운 래디시들은 흙 바깥으로 풍성한 잎을 뽐내고 있었습니다. 뿌리채소인 빨간무는 땅 속에서 아래로 자라기 때문에 세 사람은 아직 래디시의 진짜 모습을 본 적이 없었습니다. 이제 흙을 걷어내고 래디시를 수확하면 우리의 '식물 기르기' 프로그램은 마지막 시간만을 남겨두게 되었습니다.

내가 먼저 '동생'의 것으로 시범을 보였습니다. '동생'은 잔뜩 기대하는 눈치였습니다. 조심스럽게 손가락으로 흙을 파내자 래디시의 발그레한 몸이 드러났습니다. 대성공이었습니다. 2개월이 채 안 된 시간 동안 작고 도톰한 래디시는 뿌리를 뻗은 채 단단하게 흙을 붙들고 있

그녀들의 마음이 담긴 '희망의 카드'입니다.

었습니다. 나는 실뿌리 하나라도 다칠세라 섬세하고 조심스럽게 흙을 걷어내고 땅 위로 래디시를 꺼냈습니다.

얼마나 예쁘던지! '동생'은 두 손으로 입을 가린 채 동그란 눈으로 래디시를 쳐다보았습니다. 어쩌면 그녀가 태어나서 처음으로 길러낸 생명일지도 모릅니다. 나는 그것을 조심스럽게 그릇으로 옮겼습니다.

다음에는 '언니'가 직접 했습니다. 어찌나 조심스럽던지 꽤 긴 시간이 지난 후에야 래디시는 흙 밖으로 나올 수 있었습니다.

다음은 K의 차례였습니다. 하지만 그녀는 섣불리 나서지 못했습니다. 흙 위로 뻗은 싱그러운 잎을 보면 흙 속의 래디시도 건강하게 자란 것이 분명합니다. 하지만 그녀는 만의 하나 래디시가 제대로 자라지 못했을까 봐 걱정하고 있었습니다. 그 모습을 보며, 저는 그녀가 참 여리디 여린 사람이라는 걸 알아차렸습니다. 쌀쌀맞고 화 잘 내는 사람이기 전 그녀는 분명 무척 상냥하고 약한 사람이었을 겁니다.

K는 아이의 머리를 쓰다듬듯 손바닥으로 잎을 부드럽게 쓸었습니다. 그녀는 래디시와 이야기를 나누고 있었습니다.

'잘 자라주어서 얼마나 고마운지 몰라.'

땅 위로 래디시를 꺼낸 K는 고개를 숙인 채 환하게 웃었습니다. 처음 본 미소였습니다. 참 예뻤습니다.

1개월 반 동안 진행된 우리의 원예치료 프로그램은 그렇게 끝을 맺었습니다. K의 마지막 평가지에는 이렇게 적혀 있었습니다.

내 안의 가능성을 보았다.

우리가 처음 만났을 때 K가 '희망'에 대해 어떻게 썼는지 여러분은 기억할 겁니다. 그녀는 처음에 희망을 '절망의 다른 이름'이라고 적었다가 시간이 지나면서 '희망은 마음을 아프게 한다'고 적었습니다. 이제 K는 자기 안에 있는, 새로운 것을 만들어낼 수 있는 적극적인 창조자의 모습을 다시 발견했습니다. 그녀가 한동안 잃어버렸던 것을 되찾은 것이지요.

이 책을 읽는 어떤 사람은 K의 변화를 선뜻 받아들이지 못할 수도 있습니다. 우리가 한 것이라고는 래디시를 기르고, 래디시가 자라는 모습을 관찰하고 기록하며, 자신의 내면을 표현할 수 있는 간단한 문항에 답한 것뿐입니다. 이 시시콜콜해 보이는 작업으로도 사람이 변화할 수 있다는 사실을 쉬 믿지 못하는 이들은 아마도 이렇게 생각할지도 모릅니다. K가 프로그램 진행자인 나를 만족시키기 위해 자신의 마음을 속였다고요.

사람을, 특히 기관에서 파견한 '선생'을 신뢰하지 않았던 그녀였지만, 우리는 일주일에 한 번 두 시간씩 여섯 번을 만났고 봄기운이 완연한 4, 5월을 텃밭에서 함께 보내며 땀을 흘렸습니다. 그러니 아무리 쌀

쌀맞고 퉁명스러운 K라 할지라도 어느 정도는 우리의 관계에 정을 느꼈겠지요. 그래서 그녀가 저를 기쁘게 해주기 위해 자신을 속였을 수도 있습니다. 저 역시 그 점에 대해서는 확신할 수 없습니다. 하지만 식물의 힘을, 자연이 주는 선물을 잘 알고 있는 저는 K의 마음이 달라졌다고, 지난 몇 년 동안의 나쁜 경험이 자신의 잘못 때문이 아니라는 사실을 그녀가 받아들였다고 믿고 싶습니다. 그것은 이 책을 읽어나갈 여러분이 판단할 몫이기도 합니다.

그리고 '내 안의 가능성을 보았다'는 K의 그 진술이 완전히 솔직한 마음이 아니라 할지라도, 저를 기쁘게 해주기 위해 그녀가 그렇게 적었다고 해도 저는 기뻤습니다. 그것은 완전히 상실했던 '사회성'을 그녀가 어느 정도 회복했다는 뜻일 테니까요.

무엇이 K를 달라지게 했을까요? 우리가 함께했던 작업의 어떤 부분이 그녀의 마음을 열게 했을까요? 식물은, 자연은 우리에게 무엇을 주고 있을까요? 앞으로 이어질 이야기들을 통해 여러분은 지금 던져진 이 질문의 답을 어렴풋하게나마 찾게 될 겁니다. 그리고 우리 마음속에 자리 잡게 될 그 어렴풋한 느낌이 삶을 더욱 깊게 바라보는 눈을 갖도록 만들어줄 겁니다.

초록이 주는 생명력

빅터 프랭클(Victor Emil Frankl, 1905~1997)은 오스트리아에서 태어난 신경정신과 의사였습니다. 그는 오스트리아가 독일 나치에 점령된 뒤 유대인이라는 이유로 아우슈비츠 수용소로 끌려갔습니다. 그의 아내와 형제, 친구들이 가스실의 학살과 굶주림, 질병 때문에 모두 죽음을 맞는 동안 그는 끝끝내 생지옥 속에서 살아남았습니다. 그를 버티게 했던 것은 인간으로서의 존엄성을 잃지 않겠다는 마음가짐과 긍정의 힘이었습니다. 그 지독한 환경 속에서도 그는 부정적인 말은 한마디도 입 밖에 내지 않고 항상 희망적인 말만 하기 위해 노력했습니다.

그는 아우슈비츠에서 절망에 빠진 유대인들을 돌보고 보살피는 동

안 발견한 사실들을 바탕으로 훗날 '의미치료(logotherapy)'라는 심리치료 이론을 세웠습니다. 그가 남긴 책『죽음의 수용소에서(Man's Search for Meaning)』에는 '의미치료'가 탄생하도록 이끈 아우슈비츠에서의 경험이 생생하게 담겨 있습니다.

그런데『죽음의 수용소에서』는 원예치료의 사례연구에도 중요한 자료가 되고 있습니다. 앞서 밝힌 것처럼 빅터 프랭클은 수용소에서 인간으로서의 존엄성을 잃지 않으려고 초인적인 의지를 보입니다. 단적인 사례로, 그는 자신의 몸을 깨끗하게 유지하기 위해 하루에 한 컵씩 배급되는 물의 절반만 마시고 나머지는 세수를 하는 데 썼습니다. 무더운 여름, 손바닥만 한 창살이 전부였던 수용소에서 갈증은 굶주림이나 질병만큼 무시무시한 고통이었습니다. 하지만 그는 몸을 깨끗하고 단정하게 유지해야 인간으로서의 품위와 용기를 잃지 않는다는 생각으로 한 줌도 안 되는 물로 매일 몸을 씻고 무딘 유리 조각으로 살을 베이며 면도를 했습니다.

또 한 가지, 그가 절대 빼놓지 않았던 의식이 있었습니다. 그는 매일매일 창살을 통해 파란 하늘과 해가 지는 저녁놀을 바라보았습니다. 종달새가 지저귀는 노랫소리에 귀를 기울였고, 수용소 밖 푸르게 물들어가는 초원에 우뚝 자란 큰 나무 한 그루에 소망을 품었습니다. 수용소에 있는 다른 유대인들도 비슷했습니다. 그들은 손톱으로 벽에 나비를 그리고 꽃과 나무를 새겨 넣었습니다.

또다른 유대인 수용소, 체코의 프라하에서 북쪽으로 60킬로미터 떨어진 테레진(Terezin) 수용소에는 주로 어린이들이 수용되어 있었습니다. 모두 15,000명의 아이들이 이곳으로 끌려왔지만, 집으로 돌아간 아이는 100명이 채 되지 않았습니다. 테레진 수용소는 그만큼 악명 높은 곳이었습니다.

1945년 5월, 소련군에 의해 테레진 수용소가 해방되고 난 뒤 이곳에 수용되었던 아이들이 노트에 그린 그림 4,000여 점이 발견되었습니다. 그림에는 시체가 쌓여 있는 수레, 그 수레를 짐승처럼 끌고 가는 사람들 등 수용소의 참상이 고스란히 담겨 있었습니다. 하지만 아이들은 절망만 그리지 않았습니다. 다시는 돌아갈 수 없을지도 모를 그리운 집을 그리기도 했고, 얼굴이 희미해져가는 가족을 그리기도 했습니다. 또 수용소 담장을 넘어 날아가는 나비와 꽃과 빛나는 태양을 그리기도 했습니다. 미술치료에서 꽃과 태양을 그리는 것은 생명을 향한 바람을 나타내는 것이라고 합니다. 아이들은 그 지독한 환경에서도 자신이 가진 생명을 끝끝내 포기하지 않았던 것입니다.

아우슈비츠와 테레진 수용소의 사례를 보면, 인류 종교의 오랜 기원인 토템신앙이 왜 탄생했는지 이해하게 됩니다. 사람들은 자신을 속이거나 배신하지 않을 어떤 존재에게 희망과 바람을 담았습니다. 토템신앙에서 그 존재는 동식물로 나타납니다. 그것을 우상이라고 말할 수는 없겠죠. 사람들이 마음을 담았던 동물과 식물을 비롯한 자연 속의

대상은 오늘날의 종교에서 말하는 '신'과 맞닿아 있는 존재였을 테니까요.

마음과 몸을 다친 사람에게 자연을 가까이하는 일이 도움이 된다는 사실을 사람들은 오래전부터 알고 있었습니다. 그것은 본능과도 같은 것이지요. 마음의 상처를 입은 사람들은 복잡한 도심으로 향하지 않습니다. 그들은 한적한 시골이나 숲이 조성된 공원, 호젓한 물가, 파도가 넘실대는 바다로 향합니다. 그곳에서 잠시 마음을 내려놓고 머리를 비우는 것만으로도 어느 정도 상처가 치유되는 경험을 이 책을 읽는 독자 여러분도 한 번쯤은 해보았을 것입니다.

원예치료라는 말이 탄생하기 오래전, 그러니까 15세기 무렵부터 몇몇 의사들은 환자들의 증상을 낫게 하는 한 방법으로 '정원 가꾸기'를 활용해왔습니다. 궁정이나 귀족 가문의 주치의였을 그들은 정신질환이나 신경증을 앓고 있는 환자들(왕족이나 귀족)에게 숲속을 산책하거나 꽃을 가꾸도록 했습니다. 몸을 움직이고 일을 하는 것은 '아랫것들'이나 하는 천한 일로 여겼던 귀족사회에서 그와 같은 치료법을 실행했던 그들은 원예치료 분야의 선구자였습니다.

다른 한편으로 생각해보면, 원예치료라는 분야가 생긴 것은 그만큼 우리 인간과 자연의 거리가 멀어졌기 때문일 겁니다. 자연이 곧 생활환경이자 터전이었던 시절에는 특별히 원예치료라는 것이 필요하지 않았겠죠. 인간이 자연 속에서 생활하던 때에는 자연에서 난 약초를 바르거나 복용하고 자연 속에 누워서 쉬는 것 자체가 치료 과정이었을 테니까요. 하지만 오늘날의 원예치료는 단순히 자연의 것을 섭취하고 자연 속에서 쉬는 것만을 의미하지는 않습니다. 원예치료는 사람이 자연과 더욱 친밀해지는 것을 목표로 합니다. 자연을 가까이하는 좀 더 적극적인 활동이 바로 원예와 정원 가꾸기입니다. 물론 가장 핵심적인 것은 식물을 양육하는 것이지요.

자연의 요소를 치료에 선구적으로 도입한 나라는 독일이었습니다. 독일에서는 이미 1800년대에 환자들이 농업과 정원활동을 할 수 있는 시설을 갖춘 병원들이 설립되었습니다. 하지만 이때까지의 농업과 정원활동은 작업치료의 초기 단계에 머물러 있었습니다. 작업치료란, 육체와 심리의 장애를 겪고 있는 사람이 생산적이고 육체적인 활동을 함으로써 근육을 발달시키고 신경을 활성화하도록 하는 재활치료의 한 방법입니다. 오늘날의 작업치료 분야에서는 여러 가지 보조기구와 도구를 활용하고 스포츠와 레저를 병행하기도 합니다. 하지만 초기의 작업치료는 단순히 '최소한의 노동'을 치료와 재활에 도입했을 뿐입니다. 사람은 일을 해야만 육체적으로나 정신적으로 건강할 수 있다는 오랜 이치를 치료에 적용했던 것이죠. 1800년대 독일의 병원들이 정원활동을 할 수 있는 시설을 갖추었던 것은 아마도 농업과 관련한 시설이 투자비가 적게 들고, 또 정원이나 화단에서 일을 하는 것이 다른 노동 환경과 현장에서 일하는 것보다 덜 위험했기 때문이었을 것입니다.

　환자들이 정원에서 일하는 것을 독일의 병원에서 권장하던 무렵, 독일의 가톨릭 사제였던 세바스찬 크나이프(Sebastian Kneipp, 1821~1897)는 보다 획기적인 방법을 시도했습니다. 스스로 자연 속에서 몸을 치료했던 놀라운 경험을 한 이후 그는 자연의 치유력을 확신하게 되었고, 오랜 시간 자신의 몸으로 임상실험을 한 결과 오늘날 '크나이프 요법'이라고 부르는 '자연요법'을 체계화했습니다.

크나이프는 가난한 집안에서 태어났습니다. 하지만 그는 경제적인 어려움을 이겨내고 신학을 공부해서 가톨릭 사제가 되었습니다. 그러나 오래지 않아 그는 폐결핵에 걸리고 말았습니다. 의술이 발달하지 않았던 당시에 폐결핵은 치사율이 높은 무서운 병이었습니다. 형편이 좋지 않았던 크나이프는 제대로 된 치료를 받을 수 없었습니다. 그러던 어느 날, 그는 깨끗한 물이 인체에 미치는 효과에 대한 책을 읽은 뒤 마지막 지푸라기라도 잡겠다는 심정으로 물의 치유력에 기대기로 마음먹었습니다.

서른 살이었던 1849년의 겨울, 그는 차가운 도나우 강에 몸을 담그고 온몸을 문질렀습니다. 그러고는 집으로 돌아와 쉬기를 반복했습니다. 그런데 놀랍게도 병이 서서히 호전되더니 나중에는 씻은 듯이 나았습니다. 그는 학교로 돌아가 비슷한 병을 앓고 있는 친구들에게 이 방법을 권했습니다. 실제로 폐결핵을 앓고 있던 친구들뿐만 아니라 여러 가지 질병에 시달리던 이들도 크나이프와 마찬가지로 완치되었습니다. 그는 이후 자신의 경험을 더욱 체계적으로 다듬었습니다. 그래서 물에 몸을 담그는 것뿐만 아니라, 이슬이 맺힌 잔디밭을 맨발로 걷는 등의 자연요법을 개발했습니다. 그리고 주위 사람들에게 이와 같은 자연요법을 권했습니다. 하지만 크나이프의 자연요법은 의학계에서 공식적으로 인정받을 수 없었습니다. 의사들은 크나이프가 사이비 시술을 한다고 고발했습니다.

이후 크나이프는 수도원의 방치된 농장을 새롭게 꾸미면서 농사법과 양봉에 관심을 기울였습니다. 이 무렵 그는 가난한 농민들에게 도움을 주기 위해 선진적인 농사법과 토끼를 번식시키는 방법, 양봉 등에 관한 책을 쓰고 사람들에게 나누어주었습니다. 그리고 폐결핵을 고쳤던 자신의 경험을 더욱 발전시키고 허브를 재배하면서 익힌 지식을 바탕으로 서서히 크나이프 요법을 정리해나갔습니다.

1881년부터는 크나이프 요법을 통해 몸과 마음을 치료하려는 사람들이 크나이프를 찾아오기 시작했습니다. 하지만 크나이프 요법을 필요로 하는 사람들의 수가 점점 많아지자 또다시 의사들은 민간요법을 의학적으로 인정할 수 없으며 정식으로 의사 훈련을 받지 않은 크나이프가 환자들을 돌보는 것을 두고 볼 수 없다며 가톨릭교회에 그를 제소했습니다. 이 일로 크나이프는 가톨릭교회와 오랫동안 갈등을 빚게 됩니다.

크나이프 요법의 원리는 비교적 간단합니다. 인간의 몸은 자연이 주는 자극에 잘 대처하도록 만들어져 있는데, 일상생활을 하면서 자연이 주는 자극을 받지 못하면 환경에 적응하는 우리 몸의 능력도 사라지게 된다는 것입니다. 크나이프는 이런 상태에서 사람이 병에 걸린다고 보았습니다. 하지만 이때까지만 해도 그것은 오로지 크나이프 혼자만의 생각일 뿐이었습니다.

식물과 함께할 때 얻게 되는 치료적 효과에 사람들이 본격적으로 주목하기 시작한 것은 2차 세계대전 이후였습니다. 전쟁에 참가했던 젊은이들 가운데에는 몸과 마음을 크게 다친 이들이 많았습니다. 그들은 육체적인 장애를 겪고 있을 뿐만 아니라 심리적으로도 매우 불안정한 상태에 있었습니다. 독일에서와 마찬가지로 미국의 병원들 역시 정원활동을 할 수 있는 시설을 갖추고 상이군인들로 하여금 정원에서 노동을 하도록 장려했습니다.

그런데 미국의 의사들은 씨앗을 뿌리고 식물을 기르며 농산물을 재배하고 수확하는 과정에서 환자들의 심리상태가 비약적으로 호전된다는 사실을 발견했습니다. 그것은 단순히 '노동'을 했기 때문만은 아니었습니다. 미국의 군인병원들은 상이군인이 사회에 복귀했을 때 직업을 가질 수 있도록 직업훈련도 병행했습니다. 각자의 취향에 따라 여러 작업장에서 최소한의 노동을 하면서 기술을 익히도록 했는데, 목재소나 기계를 다루는 곳에서 일을 한 환자들에 비해 정원에서 일을 한 환자들이 훨씬 더 심리적으로 안정되는 모습을 보였습니다. 그뿐만이 아니었습니다. 정원활동을 한 환자들은 그렇지 않은 환자들보다 훨씬 빠른 회복력을 보였습니다.

이때부터 정신과 의사들과 심리학자들은 인간과 식물 사이에 교감이 형성될 수 있으며, 이 교감이 인간의 몸과 마음에 이로움을 준다는 가설을 세웠습니다. 교감은 원예치료학의 본격적인 출발점이었습니다.

자연과 식물이 인간에게 이로움을 준다는 사실을 지금은 누구나 인정하고 있습니다. 일단 숲에 들어서면 공기부터 달라지는 것을 느끼죠. 그렇게 맑은 공기를 호흡하고 삼림이 내뿜는 피톤치드라는 물질로 삼림욕을 하면 도시의 오염물질에 지친 우리 몸이 한층 가벼워지고 정화됩니다.

자연과 식물은 몸의 건강에 실질적인 이로움을 줄 뿐만 아니라 우리 마음에도 이로움을 줍니다. 대부분의 사람들이 식물의 녹색을 보면서 편안함을 느끼니까요. 나무가 우거진 산이나 가로수의 잎, 화단의 꽃을 바라보는 것만으로도 우리의 마음은 휴식을 취하면서 새로운 에너지를 얻습니다. 인류의 이 오래된 '취향'의 공통분모는 도대체 어디에서 기인한 것일까요?

진화론을 주장하는 많은 학자들은 이에 관해 재미있는 주장을 펼쳤습니다. 인류는 원래 바다의 미세한 세포로부터 진화했는데, 태아가 엄마의 배 속에서 자라는 과정이 인류가 바다의 수생 미생물로부터 진화한 과정을 축약해서 보여주는 증거라고 했습니다. 숱한 세월이 쌓이는 동안 인류는 육상생물이 되었지만, 수생생물이었을 때의 기억은 고스란히 DNA에 저장되어 있다는 거죠. 사람이 식물을 보면서 마음의 편안함을 느끼는 것은 식물이 자라는 곳 근처에 물이 있다는 사실

을 무의식적으로 지각하기 때문이라고 그들은 이야기합니다.

도시와 인공의 조형물 속에서 살아가는 동안 때때로 우리는 인간도 자연의 한 구성원이라는 사실을 까맣게 잊어버립니다. 그러다 문득 꽃을 대하고 나무를 보면서 자연의 한 부분인 자신의 존재를 깨닫고는 하죠. 그러니 자연과 식물을 사랑하는 우리 마음은 고향을 그리워하는 마음과 같은 것일 겁니다.

우리나라 사람들은 예로부터 자연과 풍류를 즐겼습니다. 그것은 우리나라의 자연이 아름다우면서도 조화롭기 때문입니다. 외국에 나가보면 우리나라 자연의 아름다움을 새삼 깨닫곤 합니다. 집 근처에 산이 있고 집에서 멀지 않은 곳에 계곡이 있는 나라는 흔치 않습니다. 세계적으로 발달한 대도시는 모두 강을 끼고 있지만 산이 있는 경우는 드뭅니다. 차를 타고 한참을 달려야만 산이 나타납니다. 그리고 그렇게 먼 곳에 있는 산들은 사람의 접근을 쉽게 허락하지 않지요. 지형과 지세가 워낙 거칠어서 전문가가 아니면 숲이나 산에 들어갈 엄두가 안 나죠. 반면에 우리나라의 산과 숲은 사람에게 쉽게 넉넉한 품을 허락합니다. 참 착하고 고운 강산입니다.

자연을 벗으로 삼고 풍류를 즐기는 우리 민족성은 현대에도 그대로 이어지고 있습니다. 나들이하기 좋은 계절이 오면 풍광이 좋은 곳에는 행락객들의 발길이 끊이지 않잖아요? 그리고 주말이나 공휴일이면 등산객들이 산을 가득 메우죠. 하지만 사람들이 그렇게 한번 휩쓸고 지나가면 자연은 몸살을 앓습니다. 계곡 물을 더럽히고, 나뭇가지를 꺾고, 함부로 쓰레기를 버리고, 다람쥐와 청설모, 멧돼지에게 양보해야 할 도토리나 잔 열매들을 깡그리 주머니에 담아오는 사람들이 어디에나 있죠. 자연에서 무언가를 얻어내고 취하려는 욕심이 그런 행동으로 나타나는 거겠죠?

언젠가 알고 지내는 소설가로부터 전화가 걸려왔습니다. 그분은 원래 집이 전라북도 익산인데, 전라남도 장성의 산자락 밑에 호젓한 집을 마련하여 작업실로 쓰고 있었습니다. 내게 전화를 했던 날, 그 소설가는 잔뜩 흥분한 목소리로 이야기했습니다.

"허허허, 여기 시골집 땅값이 갑자기 배로 올랐습니다. 게다가 부쩍 사람들 왕래가 많아져서 부산스럽기 짝이 없어요. 이 집 팔고 더 깊은 곳으로 숨어야겠습니다. 햐, 뉴스의 위력이 대단하기는 대단하네요."

무슨 말인가 하면, 그로부터 3주 전쯤에 뉴스에서 피톤치드가 엄청나게 나오는 곳이 발견되었다고 소개하면서 그 소설가의 작업실이 있는 지역을 지목했다고 합니다. 그러자 사람 왕래가 뜸하던 시골마을에 갑자기 사람들이 몰려들고, 재빠른 사람들은 빈집을 싸게 사들여서 카페나 음식점으로 개조했다고 합니다. 덩달아 땅값도 오르기 시작했고요.

건강과 보신에 집착하는 경향이 강한 우리나라 사람들은 '몸에 좋다'고 하면 경쟁적으로 그것을 누리려고 합니다. 장성의 그 산자락으로 몰려든 사람들의 행동이 과연 자연을 사랑하는 마음에서 비롯된

것일까요?

　앞서 환자들과 상이군인들이 정원활동을 하면서 마음의 안정을 찾고 빠른 회복력을 보였다는 이야기를 접하면서 어떤 분은 오해를 했을지도 모릅니다.

　'그러면 원예치료가 의학을 대체할 수 있다는 거야?'

　그렇지는 않습니다. 아무리 원예치료의 우수성이 입증된다 할지라도 의사가 처방전에 '정원에서 3일 동안 1일 3회, 끼니 때마다 일할 것'이라고 쓰지는 않을 거예요. 인간의 몸과 마음에는 의료기구와 의

료기술, 의학적 지식만으로 해결할 수 없는 영역이 있기에 작업치료, 미술치료, 음악치료, 원예치료 같은 것들이 필요한 것입니다. 의학과 의술을 이 분야가 보완해줄 수 있는 것이죠.

그리고 원예치료가 반드시 몸과 마음을 다친 사람들에게만 필요한 것은 아닙니다. 식물이 우리에게 주는 것은 깨끗한 산소와 피톤치드, 녹색의 평안함만이 아닙니다. 그것은 겉으로 드러난 지극히 작은 일부에 지나지 않습니다. 식물이 우리에게 주는 궁극적인 가치는 바로 '위로'입니다.

정원활동을 하게 되면 비교적 좋은 환경에서 최소한의 노동을 할 수 있기 때문에 분명 운동학적으로 도움이 되는 것이 사실이지만, 원예치료가 추구하는 진짜 가치는 식물을 양육하는 과정을 통해 삶의 의미를 되새기자는 것입니다. 그리고 식물을 양육하면서 드러나는 삶의 새로운 의미들은, 자연 속에서 무언가를 '획득'하려고만 하면 결코 발견할 수 없는 것들입니다. 씨앗을 심고 식물을 양육하고 그 보살핌의 결과물을 수확할 때만 찾을 수 있습니다.

이 글을 쓰고 있는 저 역시 예전에는 집 앞의 하천가에서 자라는 무성한 식물들을 보면서도 충분히 교감하지 못했습니다. 그 푸른 식물들을 보며 마음을 가라앉히고는 했지만, 그것은 앞서 이야기한 인류의 보편적인 '취향'에 따른 마음일 뿐이었습니다. 마음 깊숙이 담아두었다가 가끔씩 꺼내 보는 추억 같은 것이라고 할까요?

하지만 지금 저에게 식물은 그때와는 다른 의미로 다가옵니다. 사실 원예치료학을 공부하던 시기는 묘하게도 제 인생에서 가장 힘든 날들과 겹쳤습니다. 식물과 사람의 마음을 공부하는 동안 저는 매우 깊은 마음의 고통을 겪고 있었습니다.

청산리에서 발견한 마음의 씨앗 하나

저는 대학원에서 유아교육을 공부하고 유치원을 운영했습니다. 나름 교육에 대한 주관이 있었기에 다른 유치원과는 다른 교육 방법을 도입했습니다. 셈이 빠른 아이보다는 자신을 진정 사랑하고 세상을 보듬을 줄 아는 아이가 훌륭하고 행복한 어른으로 자랄 것이라고 믿었습니다. 그래서 동화를 읽고, 흙을 만지고, 그림으로 마음을 표현하고, 친구들과 즐겁게 어울려 노는 시간이 많은 유치원을 만들기 위해 노력했습니다. 성적과 학벌로 교육의 성과를 가름하는 그릇된 가치관이 팽배하기 시작한 시절이었지만, 뜻있는 부모님들이 있었기에 유치원에는 항상 원생들이 넘쳐났습니다. 놀이터에서는 아이들의 웃음소리가 끊이지 않았고, 책을 읽어줄 때면 아이들은 선생님의 입을 향해 그 초롱초롱한 눈을 한시도 떼지 않은 채 집중했습니다. 또 아이들은 찰흙이나 진흙으로 형상을 만들 때 손이 더러워지는 것을 두려워하지도 않았습니다. 그 아이들이 유치원에서 초등학교, 중학교, 고등학교로 진학하는 것을 지켜보면서, 참 잘 살고 있다는 생각을 하고는 했습니다.

유치원을 설립한 지 10년 가까워졌을 무렵에 나는 식물에 관심을 갖기 시작했습니다. 원래부터 무엇이든 아이들이 직접 만지고 경험하는 것이 좋은 교육이라고 믿었습니다. 그래서 식물을 기르는 것 또한 아이들에게 좋은 공부가 될 거라고 생각하고 있었습니다. 그러던 중에 한 어린이가 쓴 동시 한 편이 제게 좋은 자극이 되었습니다. 그 아이는 이렇게 썼습니다.

'은행잎이 황금으로 보인다.'

도대체 어떻게 아이는 은행잎에서 황금을 발견했을까 하는 궁금증이 은행나무에 관심을 갖게 했고, 이를 계기로 식물과 자연의 세계로 발을 들여놓게 되었습니다. 이후에 아동들의 오감을 자극할 수 있는 허브에 매료되어 아로마 테라피, 실내 조경 등을 공부하기 시작했고, 미국과 일본, 유럽 등지의 식물원에 가서 많은 것들을 공부하기 시작했습니다. 이러한 일들이 내가 다시 늦깎이 학생이 되어 대학원에서 원예치료학을 공부하게 만든 출발점이었습니다.

하지만 이때까지만 해도 식물과 사람 사이에 놓인 '의미'를 제대로 알지 못했습니다. 시골 사람들의 품이 넉넉하듯이, 아이들이 정원사의 마음을 갖고 정원에서 땀을 흘리면 인성교육에 도움이 될 것이라고 막연히 생각했을 뿐입니다. 만년에 다시 학생이 된 것도 좋았고, 아이들이 초록 세상에서 자라는 모습을 상상하는 것도 좋았습니다. 참 행복한 시절이었습니다.

하지만 사람의 인생에 항상 좋은 시절만 있을 수는 없겠죠. 저희 유치원에서도 갈등과 반목과 미움이 자랐습니다. 왜 그런 일이 일어났는지 저는 도저히 이해할 수 없었습니다. 미움과 싸움이 어느 한쪽의 일방적인 잘못으로 비롯되지는 않았을 것입니다. 제가 부족하고 지혜롭지 못했기에 그런 일이 일어난 것이겠죠. 하지만 당시 저는 많이 어리석었기에 상처도 많이 받았습니다. 세상 모든 사람이 나를 공격하고 있다는 망상에 사로잡히기도 했습니다. 집 밖으로 나갈 수도 없었고, 가족 이외에 어떤 사람도 만나고 싶지 않았습니다. 나는 결국 더는 견디지 못하고 도시를 떠나기로 마음먹었습니다.

그렇게 향한 곳이 충청남도 태안의 청산리였습니다. 서울에서 차를 타고 가도 서너 시간이 걸리고, 대중교통을 이용하면 버스를 몇 번이나 갈아타야 하는 깊고 깊은 곳입니다. 인적이 드물고 호수처럼 잔잔

한 바다가 펼쳐져 있어서 마음의 휴식을 취하기에는 더할 나위 없이 좋은 곳입니다. 하지만 당시에는 사람이 싫어 도망쳐간 것이었기에, 나를 이 오지로 내몬 사람들을 향한 미움과 세상이 나를 알아주지 않는다는 답답함 때문에 그곳에서 지내면서도 마음의 병은 점점 깊어갔습니다. 서울에 있는 학교에서 공부를 마치면 마치 누군가가 쫓아오기라도 하는 것처럼 저는 부리나케 청산리로 달아났습니다.

태안군 원북면에서 청산리로 들어가려면 좁고 구불구불한 찻길을 지나 언덕을 넘어야 합니다. 그 언덕을 넘으면 현관에 전등 하나 켜놓은 나의 '청산리 집'이 보였습니다. 그 언덕을 넘을 때마다 비로소 은신처에 도착했다는 안도감을 느끼면서도 한편으로는 나를 이 외로움과 고독 속으로 몰아넣은 사람들을 생각하며 분노를 느꼈습니다. 서울을 오가면서 그 언덕을 넘을 때면 참으로 감정이 복잡해졌습니다. 어느새 나도 모르게 그 언덕을 '그리움의 언덕'이라고 부르게 되었습니다. 청산리에 있을 때면 내가 살던 곳에 두고 온 사람들이 그리웠고, 청산리를 떠날 때면 청산리 집에 있는 것들이 그리워지곤 했습니다.

그리움의 언덕은 나로부터 바깥세상을 차단해주는 방패막이이자, 나를 나 자신 속으로 침잠하게 만드는 벽이기도 했습니다. 멍하니 TV를 보다가 처지가 안타까운 사람들의 이야기가 나오면 감정이 북받쳐서 엉엉 소리 내어 울기도 했습니다. 참으로 힘든 시간이었죠. 왜 그렇게 마음을 다스리지 못했는지, 지금 떠올리니 부끄러운 생각이 드네요.

청산리에서 혼자 지내는 것이 너무나 적적해서 집에서 키우던 강아지, 똘이를 데리고 갔습니다. 그리고 학교에서 배운 것을 실습하고 무료할 때 몸이라도 놀리자는 생각에 집 곁 공터에 텃밭을 일구기 시작했습니다. 처음에는 고추와 상추, 깻잎을 심고, 나중에는 오이와 가지도 심었습니다. 그렇게 텃밭이 점점 커지는 동안 식구가 늘었습니다. 아이 머리통만 한 호박이 열리고 새빨간 토마토, 옥수수도 자리 잡았습니다.

아, 그 무렵 식구가 하나 더 늘었습니다. 안양 집에서 데리고 갔던 똘이가 어느새 짝을 데리고 온 것이었습니다. 어디서 왔는지 모를 그 '짝'은 마치 오래전부터 제 집이었던 것처럼 자리를 잡고는 넉살 좋게 먹을 걸 내놓으라고 보챘습니다. 나대지 않는 믿음직한 그 녀석은 똘이와 함께 청산리 집의 파수꾼 노릇을 톡톡히 했습니다.

나를 기다리는 가족이 있다고 생각하면 마음이 참 든든했습니다. 청산리에 도착해서 집 마당으로 들어서기 전에는 항상 텃밭의 고추와 상추와 깻잎과 오이와 가지와 호박과 토마토와 옥수수에게 인사를 했습니다. 그동안 집을 지키고 있던 똘이와 녀석의 짝은 그리움의 언덕을 넘어오는 차 소리만 듣고도 뛰어와 나를 반겨주었습니다. 가끔은 안양의 가족들이 연락도 없이 내려와 나를 깜짝 놀라게 만들었습니다. 내가 자리를 비워서 옆구리가 시릴 텐데도 남편은 멀리 도망쳐 있는 나를 책망하지 않았습니다.

강의가 없는 날에는 하루 종일 텃밭에서 구슬땀을 흘렸습니다. 씨앗과 모종을 심고, 물과 거름을 주고, 잘 자라도록 지지대를 세워주고, 아기 볼을 만지듯 잎을 톡톡 두드려주면서 텃밭의 가족들과 점점 가까워졌습니다. 도시에서 자라는 동안 한 번도 해본 적 없었던 농사일이 참 즐거웠습니다. 식탁에 채소가 풍성하게 오른 날에는 마음도 부자가 되었습니다.

청산리에서의 생활에 제법 익숙해진 어느 날이었습니다. 혼자서 밭일을 하다가 갑자기 감정이 북받쳐서 꽥 소리를 질렀습니다.

"야, 이것들아, 잘 먹고 잘 살아라!"

나름 교양 있는 여자라고 자부해왔는데, 종주먹을 휘두르고 삿대질을 해가면서 미친 사람처럼 몇 번이고 같은 소리를 질러댔죠. 그러다 소리를 뚝 멈추자, 마치 내 목소리에 놀라 잔뜩 움츠리고 있었던 듯 사위가 한 순간에 침묵에 잠겼습니다. 곰곰이 생각해보니, 내가 악다구니를 퍼부은 그 사람들은 정말로 '잘 먹고 잘 살고' 있을 거라는 생각이 들었습니다. 밀짚모자에 작업복을 입고 장화를 신고 면장갑을 낀 채 텃밭에 우두커니 서 있는 내 모습을 생각하자 갑자기 웃음이 터졌습니다. 혼자서 또 미친 사람처럼 얼마나 웃었는지 모릅니다.

시간의 힘일까요? 깨달음은 한순간에 찾아왔습니다. 마치 눈앞에 영상이 펼쳐지는 것처럼 모든 것이 한눈에 들어왔습니다.

청산리의 모든 풍경과 청산리 집과 지금 내가 서 있는 텃밭과 똘이와 녀석의 친구와 안양의 가족들과 그리움의 언덕과 서울과 이곳을 오가던 길목의 집들이며 아파트며 가게며 사람들이며 내가 꽁무니를 뒤쫓던 차들이며 긴 팔을 내려놓은 채 쉬고 있는 크레인이며 길가의 가로수. 청산리에 처박혀 엉엉 소리 내어 울고 숨을 곳을 찾아 사방으로 돌아다니던, 도저히 못 견디겠다며 집을 떠나고 전전긍긍하며 방에서 웅크리고 지내던 나. 갈등과 반목이 싹트던 시간과 다시 학생이 되면서 부풀었던 마음과 유치원과 유치원에서 뛰놀던 아이들. 그리고 그 이전의 시간들…… 또 그 이전의 시간들…… 더 이전의 시간들이 모조리 한꺼번에 찾아왔습니다.

시간은 다시 거꾸로 흘렀습니다. 지금 텃밭에 서 있는 나로부터 일 초, 일 초 시간이 쌓여 더 먼 날, 더 먼 길에 서 있는 나를 보았습니다. 그리고 나의 마지막도 보았습니다. 한 생명의 전 생애가 얼마나 거룩하고 숭고한지 그때 알았습니다. 고귀해 보이는 존재에게도, 하찮아 보이는 존재에게도 그것은 마찬가지였습니다. 유치원을 둘러싸고 갈등과 반목이 자라났던 시간은 아주 작은 부분에 불과했습니다. 그 작은 부분 때문에 내 삶 전체가 불행해져서는 안 된다는 생각이 들었습니다.

문득 그리움의 언덕으로 눈길이 갔습니다. 저 언덕을 넘어 누군가가 찾아와주기를 바라는 마음이 간절해졌습니다. 굳이 가족이 아니더라도, 나와 친하지 않더라도, 나를 알고 내가 아는, 아니 내가 모르는 그 누구라도 당장 찾아와주기를 바라고 또 바랐습니다. 그리고 언덕의 이름을 다시 불렀습니다. '희망의 언덕'이라고……. 그리움의 언덕이 '희망의 언덕'으로 바뀌기까지 3년이 흘렀습니다.

그날 이후 그동안 공부했던 모든 것들, 책에 활자로만 박혀 있던 지식들과 머릿속에 암기된 갖가지 이론들이 몸속으로, 생활 속으로 스며들었습니다. 머리로만 이해하려 했던 것들이 마음으로 받아들여졌던 것입니다. 그로부터 오래지 않아 저는 한국에서는 처음으로 원예치료학 박사가 되었습니다. '1호'라는 말에는 '처음'이라는 영예와 '길을 연다'는 책임감이 동시에 담겨 있습니다. 그래서 제가 공부하고 깨달은 것들을 많은 사람들과 나누어야겠다고 마음먹었습니다.

청산리에서 보낸 시간은 원예치료를 제대로 알기 위한 '특별 수업'이나 '보충 수업' 시간 같은 것이었습니다. 박사 학위를 받기 위해 내가 써낸 논문은 학교에서 배운 지식과 나도 모르는 사이에 나를 대상으로 진행되었던 임상실험이 결합된 결과물이었던 셈이지요. 어쩌면 나더러 더 좋은 선생이 되라고, 더 많은 사람들을 도우라고 신이 내게 그 시간을 허락했는지도 모릅니다.

　지금도 청산리 집은 똘이와 녀석의 짝이 지키고 있습니다. 텃밭에서는 싱그러운 생명들이 자라고 있습니다. 나는 안양의 집으로 돌아갔지만, 똘이와 녀석의 짝과 텃밭의 생명들을 돌보기 위해 이틀에 한 번꼴로 청산리로 향합니다. 그곳에 반가운 사람들을 불러 풍성한 과일과 채소로 잔치를 하기도 합니다.

　언젠가 문득 떠나고 싶다는 생각이 든다면 내비게이션에 '충청남도 태안군 원북면 청산리'라고 입력하고 무작정 길을 따라가보세요. 그곳 희망의 언덕 너머로 호수처럼 잔잔한 바다가 펼쳐지면서 왼쪽에 '청산리 집'이 나타날 것입니다. 그곳에서 똘이와 녀석의 짝꿍과 텃밭의 생명들이 당신을 기다리고 있을 겁니다.

사랑할 수 있는 능력

대학에서 원예치료학 강의를 시작하는 첫날이면 저는 학생들에게 꽤 점수가 높은 숙제를 하나 냅니다. 한 학기 동안 식물을 기르면서 그 식물이 자라는 모습을 관찰한 일지를 제출하도록 하는 것이지요.

원예치료학 교양 강의에는 여러 학과의 다양한 학생들이 들어옵니다. 그 학생들 대부분이 식물을 길러본 경험이 없습니다. 수강 과목의 명칭에 '원예'라는 단어가 있으니, 꽃과 관련한 공부를 하면서 야외 활동을 자주 하지 않을까 지레짐작하고 수강 신청을 하는 학생들이 꽤 있습니다. 그런데 막상 직접 식물을 기르고 관찰일지를 써야 하는 숙제 앞에서 학생들은 적잖이 당황합니다.

학생들의 이러한 반응은 지극히 자연스러운 것입니다. 철없는 꼬마들은 너나 할 것 없이 예쁜 강아지를 보면 사달라고 부모를 졸라대지만, 철이 든 뒤에는 반려동물 키우는 것을 결코 만만하게 생각하지 않습니다. 이때 두 가지 반응이 나타나는데, 하나는 생명을 기른다는 것을 부담스러워하고 걱정하는 반응입니다. 다른 하나는, 그러면서도 잘 길러보고 싶다는 욕구를 갖는 것입니다. 식물에 대해서도 비슷한 반응이 나타납니다. 앞으로 길러야 할 것이 풀 한 포기라 할지라도 무언가를 기른다는 것은 인생에 있어서 하나의 '사건'이니까요. 학생들은 그 '사건' 앞에서 약간 긴장하는 것입니다.

그러다가 제가 "여러분이 한 학기 동안 길러야 할 친구예요"라고 소개하며 조그마한 강낭콩을 들어 보이면 어떤 학생들은 피식 웃어버리기도 합니다. 그 학생들은 난(蘭)이나 시클라멘처럼 비교적 무게감 있는 식물을 키워야 하는 줄로 생각했던 것이겠죠.

물론 난이나 시클라멘을 키우는 것도 좋습니다. 하지만 우리에게 주어진 시간은 한 학기, 약 4개월 남짓이기 때문에 생명 주기가 이 기간에 어울리는 식물을 택해야 합니다. 그래서 주로 강낭콩을 과제로 선택하게 됩니다.

"에이, 시시해요. 초등학생도 아니고……."

요즘 젊은 친구들은 예전 같으면 목구멍으로 꿀꺽 삼켰을 말들을 아주 쉽게 내뱉습니다. 되바라졌다고 나무라는 건 아닙니다. 그렇게 반응을 보여주면 내 쪽에서도 할 말이 생기니까, 오히려 그와 같은 솔직한 표현을 저는 좋아합니다.

"강낭콩을 우습게 생각하면 안 돼요. 겉보기와 달리 꽤 까다로운 친구니까. 강낭콩은 추위에 약해요. 바깥에 내놓았다가 밤이슬이라도 맞게 하면 새로운 환경에 적응하느라 꽤 고생을 할 거예요. 게다가 물을 너무 많이 주면 뿌리가 썩고, 적게 주면 잎이 마릅니다. 햇빛을 잘 받아야 진한 녹색으로 잘 자라고요. 어떤 식물들은 화분에 심어놓고 까맣게 잊어버려도 잘 자라지만, 강낭콩은 안 그래요."

이런 식으로 살짝 겁을 주고 나면 그제야 학생들도 조금 진지해집니다.

강낭콩 한 알을 값으로 치면 얼마 하지 않지만, 나는 학생들에게 강낭콩을 공짜로 나누어주지 않습니다. 시장에 가서 한 알을 얻든, 아니면 문구점에 가서 강낭콩 키우기 세트를 구입하든 학생이 직접 강낭콩을 손에 넣도록 합니다. 그렇게 능동적으로 '관계 맺기'를 해야 강낭콩을 소중하게 여길 테니까요.

자, 이제 학생들은 강낭콩을 흙에 심고 물을 줍니다. 이후로 학생들은 강낭콩이 변화하는 과정, 새롭게 알게 된 사실, 의문사항, 느낀 점 등을 일정한 시간 간격을 두고 관찰일지에 기록해야 합니다. 절대 쉬운 과제는 아니죠.

과제를 내고 나면 나는 학기말에 학생들이 제출할 강낭콩 관찰일지를 즐겁게 기다립니다. 강낭콩을 키우는 한 학기 동안 학생들에게는 어떤 일이 일어날까요? 학생들은 관찰일지에 무엇을 쓸까요? 그리고 강낭콩으로부터 무엇을 얻게 될까요?

2004년 초의 일이었습니다. 안양 집에 딸린 연구소로 중년 여성 한 분이 찾아왔습니다. 저희 연구소는 등산로가 시작되는 초입에 있습니다. 심란하거나 울적할 때 그녀는 등산로를 산책하면서 연구소를 눈여겨보았지만, 여기에 찾아오기까지는 시간이 꽤 걸렸다고 하더군요.

그 여성에게는 고등학교 1학년에 재학 중인, 'M'이라는 아들이 있었습니다. 어릴 때는 성격이 밝고 잘 웃어서 '스마일맨'이라고 불렸다고 했습니다. 중학교 다닐 때까지만 해도 전교 1등을 놓치지 않을 만큼 공부도 잘했다고 합니다. 그런데 가정 형편이 어려워지기 시작하면서 아이가 정서적으로 불안해하고 안정을 찾지 못해 힘들어하고 있다고 했습니다. 삼촌들 때문에 집이 경제적으로 어려워진 것이라고 생각하는 탓에 삼촌들에게 심한 적대감을 보이고, 최근 들어서는 말과 행동이 매우 거칠어졌다고 했습니다.

나는 아이가 그렇게 변한 원인이 무엇이라 생각하느냐고 어머니에게 물었습니다.

"저 때문입니다. 경제적으로 어려워지던 시기에 제가 아이 앞에서 푸념을 늘어놓고 하소연을 했습니다. 돈 문제가 얽힌 사람들과 전화를 할 때면 언성을 높이고는 했습니다. 지금 생각해보면 많이 후회스럽고 마음이 아픕니다. 하지만 '늦었다고 생각할 때가 가장 빠르다'는 말을 믿고 선생님을 찾아오게 되었습니다. 저는 제 아들이 곧고 바르고 우람하게 자라서 꽃을 피우고 그늘과 휴식을 줄 수 있는 멋있는 나무가 되었으면 합니다."

출발이 좋았습니다.

아이들이 엇나가기 시작하면 대부분의 부모들은 그 원인을 아이에게서 찾으려고 합니다. 그래서 "왜 너는 그 모양이냐?" "도대체 불만이 뭐야?" "이런 버르장머리 없는 녀석!"과 같은 말로 아이를 다그칩니다. 환경이 아이를 그렇게 만들었다는 사실을 인식하지 못하거나 자신의 책임을 회피하려는 생각과 마음을 가진 부모는 모든 것을 아이의 탓으로 돌립니다. 경제적으로 어려워진 것이 M 군을 변하게 한 직접적인 원인은 아니었습니다. 그 상황 속에서 부모가, 어른들이 감정을 폭발시키면서 그때의 불안과 분노와 미움이 M 군에게 고스란히 옮겨진 것이었습니다.

좋은 환경에서 자란 나무가 좋은 열매를 맺듯, 좋은 환경에서 자란 아이는 자신을 사랑할 줄 압니다. 아이가 자라는 환경을 만드는 것은 부모입니다. 다행스럽게도 그날 면담을 했던 어머니는 자신 때문에,

어른들 때문에 자신의 아들이 잘못되었다고 분명하게 인식하고 있었습니다.

당시 저는 M 군 이외에 네 명의 학생을 의뢰받아 보살피고 있었습니다. 각각 신경질적인 행동, 게임 중독과 공격적인 성향, 불안함 등의 증상을 보이고 있었습니다. 나는 이 다섯 명의 학생들로 그룹을 짜서 원예치료를 시작했습니다. 이 프로그램은 2004년 2월부터 11월까지 9개월 동안 일주일에 1회 두 시간씩 진행되었습니다.

본격적으로 프로그램을 시작하기에 앞서 아이들의 심리 상태를 더 자세히 알기 위해 질문지를 나누어주고 거기에 자신의 생각을 쓰도록 했습니다. 질문지는 다음과 같이 다섯 문항으로 되어 있습니다.

나는 _____

사람들은 _____

세상은 _____

그러므로 나는 _____

희망이란 _____

여기에 M 군은 이렇게 적었습니다.

나는 엄마의 희망, 아빠의 기대, 가족들이 믿는 사람. 어지러운 동그라미 같다.

사람들은 내게 기대를 하지만, 나는 그게 부담이 되고, 숨을 막히게 함.

세상은 나를 미치게 하지만, 내 무대의 배경이며, 난 이곳에서 죽을 것이다.

그러므로 나는 지금 내게 갇힌 문제를 풀고, 내 맘속 야망을 이루겠다.

희망이란 인간을 속이는 나쁜 것.

M군의 질문지를 보고 깜짝 놀랐습니다. 도대체 무슨 일이 있었기에 열일곱 살밖에 안 된 아이가 희망은 '인간을 속이는 나쁜 것'이라고 말하게 되었을까요?

M군은 학업에 대한 압박감에 시달리고 있었습니다. 그리고 타인, 특히 선생님들에 대한 반감이 컸습니다. 이러한 불안함과 반감이 공격성으로 나타났던 거죠. 내면적으로는 자신감을 잃고 위축되어 있으면서도 그러한 심리적 왜소함을 만회하기 위해 겉으로는 강한 척했습니다.

아이들과 함께하는 식물 양육 프로그램은 이렇게 진행됩니다.

먼저 생명 주기가 비교적 짧은 식물을 두세 가지 선정해서 씨앗과 모종을 밭에 심습니다. 아이들 각자가 자신만의 식물을 양육하면서 식물이 성장해가는 모습에 대한 느낌과 생각을 표현하도록 합니다. 그러면서 식물의 생명 주기를 경험하고 자신의 생명 주기를 추론해보도록 합니다. 그리고 자신이 기른 식물이 맺은 과실을 수확합니다. 이 프로그램이 지향하는 궁극적인 지점은 '삶은 과정의 연속'이라는 점을 깨닫도록 하는 것입니다.

우리가 처음 씨앗을 뿌리고 모종을 심은 때는 2월로, 아직 봄이라고 하기에는 이른, 약간 쌀쌀한 날이었습니다. 우리는 무와 감자를 심었습니다. 그런 뒤 아이들에게 느낌과 생각을 적도록 했습니다. M 군은 '얼어 죽을 것 같지만, 선생님께서 자연의 힘을 강조하셔서 조금 안심됨'이라고 적었습니다.

그런데 M 군이 식물을 염려했던 것이 진심일까요?

오래전 봄날의 일이었습니다. 히아신스 향기를 맡으면서 심호흡을 했습니다. 곁을 돌아보니 꼬마 아이 하나가 내 행동을 주시하고 있더군요. 그래서 꼬마에게 말했습니다.

"너도 냄새를 맡아 봐. 좋은 냄새가 날 거야."

꼬마는 내가 한 것처럼 히아신스에 코를 갖다 대고 킁킁거렸습니다. 신기한 듯 나를 올려다보며 눈을 깜빡거렸습니다. 그러더니 내가 시키지도 않았는데, 옆에 심어져 있는 모든 식물의 향기를 맡으면서

68

돌아다니더군요. 그 모습이 참 귀여웠습니다.

영화나 TV 프로그램을 통해 선정적이고 폭력적인 장면을 자주 접한 사람이 비슷한 행동을 현실로 옮겨 무서운 범죄가 일어나기도 합니다. 요즘 아이들과 청소년들은 선정적인 대중 오락물에 심하게 노출되어 있습니다. 아이들과 청소년들의 말과 행동이 거칠어지는 것은 자신이 본 것을 모방하려는 심리에서 비롯된 것입니다. 심리학에서는 이와 같은 현상을 '모방 행위' 또는 '관찰학습'이라고 부릅니다.

미국의 심리학자 앨버트 반두라(Albert Bandura, 1925~)는 유치원에 다니는 어린이들을 대상으로 관찰학습 실험을 진행했습니다. 우선 반두라는 어린이들을 두 집단으로 나누었습니다. 집단 A에는 한 성인이 보보 인형을 상대로 공격적인 행동을 하는 모습을 보여주었는데, 이 장면은 실제 눈앞에서 벌어지는 현실상황과 카메라로 찍어서 영상으로 보여주는 두 가지 케이스로 진행되었습니다. 집단 B에 속한 어린이들에게는 한 어른이 보보 인형을 편안하게 보듬고 안아주는 모습을 보여주었습니다.

집단 A에 속한 어린이들은 자신이 본 것을 그대로 따라했습니다. 특히 공격적인 장면을 영상을 통하지 않고 실제로 접한 어린이들에게서 공격성 모방이 심하게 나타났습니다. 반두라는 이 실험을 통해 다른 사람이 공격적으로 행동하는 것을 관찰하는 것만으로도 우리의 억제된 공격성이 표면으로 노출될 수 있다는 사실을 증명해 보였습니다.

이러한 인간의 심리적 성향을 식물을 양육하는 행동으로 전환한다면 어떤 결과가 나타날까요? 가정에서, 학교에서, 동네에서 식물을 기르고 돌보는 어른들이 많아진다면 그곳의 아이들과 청소년들은 '보살핌'의 행위를 모방하게 될 것입니다. 꽃향기를 맡고 있는 내 모습을 따라함으로써 식물에게 더욱 가까이 다가간 그 꼬마 아이처럼요.

재미있는 실험을 한 가지 더 소개하겠습니다.

어느 마을의 전신주에는 항상 쓰레기가 쌓이곤 했습니다. 저녁까지만 해도 멀쩡했던 그곳은 원래 쓰레기를 배출하는 장소가 아닌데도 밤사이에 쓰레기장으로 매일 변했습니다. 아무리 말끔하게 치워놓아도 다시 날이 밝으면 같은 일이 되풀이되었습니다.

한 심리학자의 조언을 받은 군청 직원들이 나섰습니다. 군청 직원들은 수북이 쌓여 있는 쓰레기더미를 치우고 그곳에 화단을 조성하여 형형색색의 꽃을 심었습니다. 화단을 완성한 뒤에는 마을 주민들의 반응을 알아보기 위해 주변에 CCTV를 설치했습니다.

드디어 밤이 이슥해졌습니다. 마을 주민들은 약속이나 한 듯이 하나둘 쓰레기를 들고 그 전신주로 모여들었습니다. 그런데 전신주 아래가 화단으로 장식된 것을 본 마을 주민들은 쓰레기가 든 봉투를 들고서 잠시 어리둥절해하더니 그대로 돌아갔습니다. 짧은 시간 동안 카메라에 잡힌 주민들의 반응은 참 놀라웠습니다. 압권은 마지막 장면이었습니다. 한 아주머니가 등장했습니다. 역시 손에는 쓰레기를 담은 봉

투가 들려 있었습니다. 아주머니는 화단으로 다가와 잠시 망설이더니 여느 때처럼 쓰레기를 두고 갔습니다. 그런데 다섯 발자국 정도 길을 가던 그녀는 되돌아와서 자신이 화단 옆에 두고 간 쓰레기를 거두어 갔습니다.

이 실험을 보며 어떤 생각이 드나요? 생물학자인 에드워드 윌슨 (Edward Wilson, 1929~)은 우리 인간이 본성적으로 '생명애(biophilia)'를 가지고 있다고 보고 있습니다. 생명애 가설은 인간이 생명과 관련된 행위에 집중하는 선천적 경향을 말합니다. 우리 모두는 생명을 가진 모든 것을 사랑할 수 있는 능력을 갖고 있다는 것입니다.

원예치료는 바로 이 생명애 가설을 이론적 기반으로 하고 있습니다. 누구나 식물을 양육함으로써 자신을 돌보는 방법을 배우고, 나아가 생명을 가진 다른 모든 존재들에게 어떻게 해야 하는지를 배우게 되는 것입니다. 이러한 마음가짐은 주변 환경을 어떻게 돌보아야 하는가, 라는 관심으로 확대될 수 있습니다. 차가운 땅에 무와 감자를 심은 뒤 '얼어 죽을 것 같다'라고 염려했던 M 군의 글은 우리 모두가 가지고 있는 '생명애'가 표현된 것이었습니다.

뒤에 가서, 아이들과 함께 '정원 가꾸기' 프로그램을 진행했던 사례에서 다시 이야기하겠지만, 지금 우리 사회가 안고 있는 여러 가지 문제, 특히 청소년 문제를 해결하는 방법은 어쩌면 매우 간단한 것인지도 모릅니다. 우리 아이들의 모방된 공격성이 표출되도록 만드는 환경을, 모방된 보살핌이 드러나는 환경으로 전환하는 것입니다. 식물을 기르는 것이 작지만 큰 변화의 시작이 될 수 있을 것입니다.

원예치료학 교양 강의 첫 시간에 대학생들이 그랬던 것처럼, M 군 역시 생명을 기르는 것에 대한 부담감을 안고 프로그램을 시작했습니다. 그래서 흙 속에서 어떤 일이 벌어지고 있는지 눈으로 확인할 수 없는 초기에 M 군은 대단히 조바심을 냈습니다. 흙을 뚫고 어서 싹이 자라기를 바라지만, 자신이 할 수 있는 일은 아무것도 없었으니까요. 그저 땅 속에서 살았는지 죽었는지 모를 무와 감자에게 정기적으로 물을 주며 응원하는 것뿐이었습니다.

하지만 그렇게 시간이 조금 지나자 M 군은 조금씩 자연의 속도에 적응하기 시작했고, 조바심을 내지도 않았습니다. 그리고 도서관에서 식물과 관련한 책을 살펴보며 앞으로 어떻게 해야 무를 더 잘 키울 수 있는지 준비했습니다. 마치 임신부가 새로운 생명을 맞이하기 전에 육아와 관련된 지식을 쌓는 것처럼요.

사실 전전긍긍하기는 저도 마찬가지였습니다. 그럴 리야 없겠지만, 혹시라도 무와 감자가 땅 속에서 썩어버린 것은 아닐까, 겉으로는 내색하지 않았지만, M 군처럼 조바심이 났습니다. 물론 저의 조바심은 종류가 조금 다른 것이었지요. 행여 땅에 심은 씨앗과 씨감자들이 싹을 피우지 못한다면 '희망은 인간을 속이는 나쁜 것'이라고 했던 M 군은 거기에서 다시 한 번 절망을 먼저 알아버리게 될 테니까요.

하지만 어느 날 아침, 그동안의 걱정과 염려를 한꺼번에 씻을 수 있었습니다. 흙 밖으로 무의 새순이 돋아나 있었거든요. 무가 이렇게 잘 자라고 있다면 감자 역시 땅 속에서 잘 영글고 있는 것이 분명했습니다.

그리고 며칠 뒤 M 군이 땀을 뻘뻘 흘리며 연구소로 들이닥쳤습니다. 그 모습을 보고 저는 그 아이가 연구소에 오기 전, 먼저 텃밭에 들렀다는 사실을 알아차렸습니다.

"무슨 일이니?"

"싹이 났어요!"

M 군의 표정은…… 뭐라고 표현해야 할까요? 자신으로서는 감당하기 힘든 어떤 큰일을 맞은 것 같은, 하지만 그 일에 당당히 맞설 용기와 자신감을 서서히 끌어올리는 것 같은, 그런 표정이었습니다. 그 순간, 저는 그 아이가 생의 어떤 단계를 넘어서고 있다고 느꼈습니다. M 군은 이제 '아빠'가 된 겁니다. 지속적으로 돌보아야 할 생명들의 '가장'이 된 것이지요.

그날 M 군은 질문지에 이렇게 적었습니다.

무에 싹이 터서 행복했다. 역시 내 식물들은 뭔가 다를 것 같은 예감이 든다. 꼭 잘 자라서 날 기쁘게 해주는 하나의 작은 몸짓이 되어줘.

꼭 잘 자라서 나에게 기쁨을 주고 밤의 두려움, 바람, 까치의 공격을 피해서 나랑 같이 살자.

이 단계에 이르면 식물을 기르는 사람은 생명체를 탄생시키는 자연의 생명력을 발견하고 경이로움을 체험합니다. 그리고 '나'라는 존재에 대한 의미를 새롭게 되새기게 되죠. M 군은 흙을 뚫고 내민 무의 여린 손(새싹)을 잡고 악수하면서 딱히 누구라고 꼭 집어 말할 수 없는 어떤 대상에게 감사함을 느꼈습니다.

이만하면 출발이 괜찮죠? 네, 아직 '출발'입니다. M 군에게는 아직도 많은 단계가 남아 있습니다. 그것은 앞으로 여러분이 가야 할 여정이기도 합니다.

양육하는 행위에 담긴 기대와 희망

다시 원예치료학 수업으로 가볼까요?

학생들은 저마다 강낭콩을 준비해서 각자의 집에서, 하숙집에서, 원룸에서, 고시원에서, 기숙사에서 키웠습니다. 학기말에 제출된 리포트를 보면 학생들의 다양한 일상을 알 수 있습니다. 강낭콩 관찰일지에는 단순히 강낭콩을 기르면서 보고 느끼고 깨달은 사실들만 적혀 있는 것이 아니라, 강낭콩과 연결된 각자의 삶이 담겨 있기 때문입니다. 그중에서 특히 인상적이었던 세 권의 관찰일지를 여러분에게 차례대로 소개할까 합니다.

첫 번째는 하숙집에서 룸메이트 형과 생활하고 있는 남학생 J의 일지입니다.

이 학생은 강낭콩 화분 세트를 구입한 뒤 흙이 아니라 톱밥에 강낭콩을 심었습니다. 때는 1학기 초여서 아직 아침저녁으로 기온이 낮았기 때문에 강낭콩 기르기는 방에서 시작되었습니다. 콩을 심은 지 5일 정도 지났을 때 처음으로 싹이 났습니다. 그 모습을 본 J는 '생명의 탄생이 시작되는 순간이라 흥분된다'고 적었습니다. 그리고 '하나의 생명이 사람을 기쁘게 한다'는 사실이 놀랍다고도 했습니다.

강낭콩은 한 번 싹을 틔우고 나면 매우 빠른 속도로 자라납니다. J 학생은 '언제 다 자랄까 걱정하게 하던 갓난아기가 어느새 걸음마를 시작하는 것 같다'고 적었습니다. 그리고 함께 심었던 두 번째 콩에도 싹이 올라왔습니다. 둘을 구분하기 위해 처음 자란 것을 '1호', 뒤에 싹을 틔운 것은 '2호'라고 부르기 시작했습니다.

그런데 잘 자라던 강낭콩들이 갑자기 시들해졌습니다. 물을 안 준 것도 아닌데 왜 이럴까, 궁금해하던 J는 그동안 자신이 너무 이기적이었다는 생각을 하게 됩니다. 옆에서 강낭콩 자라는 모습을 지켜보는 것이 마냥 좋아서 계속 방 안에만 두었던 탓에 강낭콩이 햇빛을 보지 못했던 거죠. 날이 밝는 대로 화분을 마당으로 옮겨야겠다고 생각하면서, J는 강낭콩 아이들에게 미안하다고 사과합니다.

그 해에는 봄이 늦었나 봅니다. 4월 중순이 되어서야 날이 풀리기 시작했다고 적혀 있는 걸 보면요. 이틀 전까지만 해도 시들했던 강낭콩 줄기들은 햇빛을 보자마자 금세 푸름을 되찾았습니다.

이 무렵에 J는 매우 뜻깊은 생각을 하게 됩니다. 하숙집 뒷마당에는 여러 종류의 풀들이 자라고 있었습니다. 누가 심은 것이 아니라 어디선가 홀씨로 날아와 자리를 잡은 것들이었죠. J는 아무도 돌보지 않는 그 풀들과 자신이 돌보고 있는 강낭콩을 번갈아 보면서 이런 생각을 합니다.

'나의 콩들은 목적을 가지고 기르지만, 뒤편의 풀들은 그냥 무의미한 것일까?'

생각 끝에 J는 그럴 리 없다고 결론 내립니다. 아직 분명하게 알 수는 없지만, 강낭콩 한 알이 자신에게로 와 큰 의미가 되었듯, 뒷마당에 자라는 풀들도 나름의 목적과 쓰임을 갖고 이 세상에 왔을 것이라고……. 그리고 그 생명들의 가치는 높고 낮음이 없다고……. J의 이 생각은 원예치료에서 말하는 '생명 간의 연결'을 생각하게 합니다. 인간과 동식물은 모두 같은 생명으로서 서로 연결되어 있기 때문에 교감을 나눌 수 있다는 생각이죠.

그로부터 며칠 뒤 J는 강낭콩을 뒷마당의 화단에 옮겨 심습니다. 조그마한 화분에서 기르기에 '1호'와 '2호' 둘 다 너무 커버렸기 때문입니다. 그날 J는 이렇게 적었습니다.

식물이나 사람이나 조금의 도움과 관심만 있으면 무럭무럭 성장할 것이다.

< 원예치료학 강낭콩 관찰 일지 >

관측일	2005년 4월 9일 土 요일				
기상관계	날씨	최고기온	최저기온	평균온도	누적강우량
	비	15.8 ℃	11.3 ℃	13.4 ℃	41.5 mm
관찰대상	강낭콩	관찰장소	하숙집 방안		

관찰사항 및 원예치료과정

오늘 갑자기 이호가 시들해 보였다. 물을 안준것도 아닌데 왜이럴까 생각했더니 생각만하고 있던 빛을 쬐지 못해서 그런것 같다. 그냥 보는 것이 좋아서 옆에 두었던 내가 한심했다. 내일 아침부터 햇볕이 잘 드는 곳에 놓아 두어야겠다.

미안하다 얘들아 π.T

새로 알게된점

원래 알고 있던 내용이지만 식물에게 태양은 없어서는 안될 존재이다. 사람도 마찬가지로 햇빛은 중요한 신의 선물이다.

의문점

갑자기 햇볕을 보지 않고 밤에 활동 하는 사람들이 떠오르는데 그 사람들의 건강이 어떤지 의문이다.

느낀점

식물이든 사람이든 모든 생명은 물과 햇빛이 필요한 것 같다. 너무도 소중하지만 가까이에 있기에 모르는 중요한 것들을 다시금 느낄 수 있었다.

하루는 같이 사는 룸메이트 형이 왜 강낭콩이 안 보이냐고 물었습니다. J는 뒷마당 화단에 옮겨 심었다고 말해주었습니다. 그러자 피식 웃어 보인 그 형은 직접 뒷마당으로 강낭콩들을 보러 갔습니다. 그동안 곁에서 지켜보면서 정이 들었던 모양입니다.

우리 콩들이 나 말고 다른 사람의 관심과 사랑도 받고 있었기에 이렇게 더 잘 자란 것 같다.

J는 룸메이트 형의 반응을 보면서 정원활동이 사람에게 미치는 영향과 치료적 기능에 대해서 생각합니다. 수업 시간에 배웠던 것을 비로소 몸으로 체감한 거죠.

5월 중순의 어느 날, J는 학교에서 하숙집으로 돌아왔을 때 옆방 친구들이 화단에서 무언가를 하고 있는 걸 보았습니다. 그 친구들은 공짜로 얻은 꽃씨를 화단에 심고 있는 중이었습니다. 상상해보세요. 하숙집의 다 큰 총각들이 강낭콩 주변에 꽃을 심고 있습니다. 결코 흔치 않은 광경입니다. 만약 그 하숙집에 강낭콩이 없었다면, 그리고 J가 강낭콩을 돌보지 않았다면 꽃씨가 생겼다고 그것을 화단에 심을 생각을 했을까요? J는 자신의 강낭콩들이 꽃들에 둘러싸여 있는 모습을 상상하면서 즐거워합니다. 그리고 옆방 친구들과 정원을 함께 가꾸면서 더욱 친해졌으면 좋겠다는 바람을 가집니다. 참 동화 같은 이야기죠?

관 찰 사 항 및 원예치료과정	짧은 기간이었지만 햇볕을 듬뻑 받은 애들은 푸름을 되찾았다. 이제 날씨도 많이 풀려서 계속 밖에 두어야겠다. 뒷뜰의 풀들과 꽃을 보면서 이상한 생각이 들었다. 나의 콩들은 목적을 가지고 키우지만 뒷편의 풀들은 그냥 무의미 한 것일까? 모든 사물에는 목적이 있고 쓰임이 있듯이 분명 이든 식물에게도 쓰임이 있을것이다. 나또한 나의 목적과 쓰임을 잘 알고 삶의 방향을 잡아 가야 겠다.
새로알게된점	모든 물건과 생명엔 목적과 쓰임이 있다. 그들의 가치또한 높고 낮음이 없는것 같다.
의문점	모든 생명이 가치 있는 것이고 쓰임이 있는것 같이 나에게는 어떠한 일이 어울릴까?
느낀점	내가 할 수있는 다양한 일들을 해보고 가장 가치있는 일을 찾아야겠다. 그러기 위해 많은 것을 보고 배우고 느껴야겠다.

이후로 J는 콩잎에서 벌레 먹은 부분을 발견하고는 약을 뿌릴까 말까 고민하기도 하고(물론 자연 상태에서 자라도록 그대로 두었습니다), 곧 열매로 맺힐 콩을 먹어보고 싶다는 생각에 갈등을 하기도 합니다. J의 관찰일지에는 수많은 이야기가 담겨 있습니다. J는 강낭콩과 함께 성장하며 하숙집에서 같이 살아가는 이들과도 교감을 나눕니다.

그리고 관찰일지의 가장 마지막 부분에 J는 이렇게 적었습니다.

지금 나에게 닥친 문제는 학업과 취업 그리고 '어떻게 사는 것이 잘사는 것인가?' 하는 근본적인 자아갈등이다. 옛날에는 좋은 대학을 나와 좋은 직장에 취직해 많은 돈을 버는 것이 행복한 삶이라고 생각해왔다. 그리고 무의식적인 열등감에 남보다 위에 서고 싶었고, 남보다 더 뛰어나고 싶다는 생각에 사로잡혀 있었다. (…) 식물이 자라고 영그는 데는 다 때가 있다는 말에서 많은 것을 느꼈다. 조급한 마음에 이리저리 뛰어다니는 것보다 차분하게 환경을 만들어가면서 때를 기다리는 사람이 되자. (…) 원예라고 하면 끝까지 식물을 키우고 가꾸는 것이라고 생각했다. 인생도 마찬가지로 나 자신을 가꾸고 크게 성공하는 것이라 생각했다. 그러나 더 큰 기쁨은 그것을 수확하고 나누는 것이란 걸 이제 알게 되었다.

이번에 소개하는 관찰일지 역시 앞서 소개한 J의 일지와 마찬가지로 초반부는 생명 탄생에 관한 경이로움으로 채워져 있습니다. 이 관찰일지를 쓴 S 학생도 강낭콩 화분 세트를 구입해서 시작했습니다. 세트에는 강낭콩이 세 알 있었습니다. 세 알 모두 잘 자라주었습니다. S는 강낭콩들에 각각 '믿음' '소망' '사랑'이라는 이름을 붙여주었습니다.

강낭콩 기르기를 시작한 지 일주일 정도 지났을 때, 방에 들어선 S는 심상치 않은 예감을 느낍니다. 책상이 어질러져 있는 것까지는 괜찮은데 강낭콩 삼형제 중에 한 녀석이 보이지 않았습니다. 세상 둘도 없는 말썽꾸러기 조카 녀석의 짓이 분명합니다. S는 조카를 불러다놓고 단단히 야단을 칩니다. 그리고는 화분 앞에 앉아 묵념을 합니다.

한 그루의 강낭콩을 잃고 소중한 생명 하나를 없앤 것 같아 마음이 너무 아프다. 자식을 키우다 잃은 부모 마음은 이보다 훨씬 더 아플 것이다.

강낭콩이 자라 조금 더 큰 화분으로 옮겨 심은 뒤 S는 강낭콩이 햇빛을 잘 받을 수 있도록 마당에 내놓았습니다. 그날부터 S는 누군가로부터 강낭콩이 습격을 받지 않을까 하는 걱정에 시달립니다. 그 누군가란 바로 조카 녀석이겠죠?

S는 복학생입니다. 요즘 대학 분위기는 전과 같지 않은가 봅니다. 1년을 휴학했기 때문에 같이 공부하는 후배들과 한 살 차이가 나는 것뿐인데, S는 후배들과 생활하는 것, 생각하는 것, 말하는 것 등에서 '세대 차이'를 느낍니다. 후배들은 S에게 데면데면하게 굴고 그렇다고 딱히 선배 대접을 하지도 않습니다. S는 아는 얼굴을 보면 꼭 인사를 하고 지나치는 성격인데, 알은체를 하는 것이 어색할 만큼 학교 분위기는 싸늘합니다. 이 시기에 강낭콩은 S에게 거의 유일한 친구였습니다.

강낭콩은 내가 학교 갈 때 유일하게 인사하는 대상이다. 내 마음속의 유일한 동반자다.

S가 살고 있는 집은 여러 세대가 같은 마당을 쓰는 다가구주택입니다. 하지만 같은 집에 사는 사람들 역시 서로 인사를 나누고 반갑게 알은체를 하는 분위기가 아닙니다. 특히 반지하방에 혼자서 살고 있는 아저씨 한 사람은 1년이 다 가도록 얼굴을 볼 수 없을 정도로 방에만 틀어박혀 지냅니다.

그리고 S에게는 조카가 있습니다. 조카는 약간의 발달장애를 겪고 있어서 정기적으로 병원에 다닙니다. 또래 아이들과 전혀 어울리지 못하고 집에만 머물며 말썽만 일으킵니다.

S가 강낭콩을 키운 것은 2학기였습니다. 요즘에는 가을이 지극히

짧아서 10월만 되어도 기온이 떨어집니다. S는 혹여 강낭콩이 얼어 죽지 않을까 걱정을 하고는 했습니다. 하지만 S의 걱정과 달리 강낭콩은 무럭무럭 자라주었고, 조카도 더 이상 강낭콩을 괴롭히지 않았습니다.

11월 초순의 어느 날, 마당에서 혼자 장난감을 갖고 놀고 있는 조카를 보면서 S는 생각합니다.

> 사실 나는 내 조카처럼 말 안 듣고 말썽쟁이인 아이는 본 적이 없다. 늘 사고치고 하지 말라는 짓만 골라서 하는 이 아이가 내 조카라는 사실을 한때는 부인하고 싶었다. 여덟 살이 아직 안 된 조카는 치료 중이다. (…) 이 어린 친구는 친구들과 어울리는 것이 서툴다. 그리고 말하는 것도 조금 서툴다. 그래서 매형과 누나는 늘 걱정이다. 강낭콩을 모두가 볼 수 있게 집 마당에 꺼내놓은 것도 사실 이 어린 조카 때문이다.

하루는 무언가가 낑낑거리는 소리가 나서 S는 마당에 나가 보았습니다. 그런데 마당에는 1년 내내 반지하방에만 틀어박혀 지내던 아저씨가 강아지와 놀고 있었습니다. 그동안 사람을 피해 다니는 아저씨였지만 강아지와 어울려 지내는 모습은 그렇게 해맑을 수 없었습니다. S는 자신이 삭막한 서울에서 강낭콩을 기르는 동안 위로를 받은 것처럼, 아저씨도 강아지로 인해 마음이 따뜻해진 것이라고 생각했습니다. 그리고 S는 그날 처음으로 반지하방의 아저씨와 인사를 나누었습니다.

가을이 깊어지면서 마당의 식물들은 조금씩 말라갔습니다. 어떤 식물은 벌써 생을 마감했습니다. 하지만 S는 그게 끝이 아니라고 생각했습니다. 열매 안에 분명 씨앗이라는 가능성을 지니고 떠나갔기 때문입니다. 그는 지구상의 모든 생명이 삶과 죽음을 반복한다는 것을 배웠습니다.

S의 강낭콩은 끝내 꽃을 피우지 못했습니다. 11월 21일, 그의 마지막 일지에는 강낭콩이 꽃을 피우지 못한 것에 대한 안타까움이 진하게 묻어 있습니다. 하지만 S는 시린 날씨 속에서도 끝끝내 노력을 포기하지 않았던 강낭콩의 여린 모습에서 희망을 발견합니다. 자신 역시 아직 꽃을 피우지는 못했지만, 언젠가 때가 되면 찬란하게 피어날 날이 올 거라는 희망도 함께 발견합니다.

나는 작은 화분 속에 심어진 강낭콩을 보면서 다시 삶에 대한 의지를 배울 수 있었다. 살아 있는 동안 결코 자기를 포기하지 않고 끊임없이 스스로를 만들어가는 강낭콩을 보며 나의 가능성을 발견했다.

L은 여학생입니다. L의 관찰일지는 내가 지금껏 원예치료학 강의를 진행하면서 받아온 어떤 관찰일지보다 꼼꼼하고 세밀했으며 정성스

러웠습니다. 마치 현미경으로 미생물을 관찰하는 생물학자처럼, 또는 육아일기를 쓰는 젊은 엄마처럼 L은 강낭콩들이 자라는 모습을 거의 실시간으로 전하고 있었습니다.

L은 '아빠' 콩, '엄마' 콩, '사랑해' 콩, 세 개를 심었습니다. 아빠 콩이 제일 먼저 싹을 틔웠고, 엄마 콩이 부지런히 그 뒤를 좇았습니다. 사랑해 콩은 결국 싹을 틔우지 못했습니다. 아빠 콩과 엄마 콩은 L의 지극 정성 덕분에 여러 장의 꽃을 피웠고, 열매도 맺었습니다. 그런데 열매가 익어갈수록 강낭콩들의 잎이 조금씩 생기를 잃어간다는 사실을 그녀는 발견했습니다. 처음에는 강낭콩이 병에 걸린 것이라고 생각했던 L은 나중에야 강낭콩들이 새로운 열매에 영양을 양보하고 있기 때문에 약해지고 있다는 사실을 깨우칩니다.

> 강낭콩은 한창 푸르게 새 줄기를 솟아나게 했다. 예쁘고 여린 초록잎을 부지런히 피워내고, 꽃을 맺고 피워내더니 이제 시들어가고 있다. 열매를 여물게 하면서 강낭콩 자신은 조금씩 약해져가고 있는 게 느껴진다. 자신을 바쳐 자식을 키우는, 늙어가는 부모님 생각이 난다.

L은 수강 신청을 하기 전에 '원예치료'가 아픈 식물을 치료하는 학문이라 생각했던 순진한 학생이었습니다. L은 추석부터 시작해 계절이 겨울 초입에 들어설 때까지 강낭콩을 볕 잘 드는 거실에서 키웠습

니다. L이 관찰일지를 워낙 꼼꼼하게 썼기 때문에 나는 그녀가 강낭콩과 함께 정신적으로 성장해가는 과정을 마치 눈앞에서 보듯 생생하게 목격할 수 있었습니다. 사람의 마음이 이처럼 예쁘고 아름다운 거구나, 하는 믿음이 제게도 새록새록 되살아났습니다.

그리고 관찰일지의 마지막 페이지를 펼치면서 나는 가슴이 뭉클해졌습니다.

> 식물을 기르고 그것에 애정을 주었던 이 짧은 원예 경험은 나로 하여금 큰 가르침을 깨닫게 하였다. 무엇인가를 책임지고 돌볼 때 나에게 생기는 기대와 믿음과 걱정과 사랑을 말이다. 생각처럼 잘되지 않을 때는 나 자신을 돌이켜보게 되고 반성하게 되며 또 그렇게 하지 않으려고 행동을 고쳐보기도 하고, 잘되기를 기대하고 기다리기도 한다. 그리고 잘될 거라는 믿음과 희망은 나의 생활을 좀 더 활기차고 설레게 만들어주었던 것 같다. 작은 강낭콩을 기르면서 그런 수많은 색다른 감정을 경험하게 된 것이다.

무언가를 기르는 사람과 그렇지 않은 사람은 세상을 살아가는 마음가짐이 다릅니다. 모든 부모들이 현명하고 올바르게 아이를 기르고 있는 것은 아니지만, 그들 대부분은 이 세상이 좀 더 나아지기를 바라고 희망할 것입니다. 이런 마음은 자신이 책임지고 돌보는 존재가 있기

때문에 생겨날 수 있습니다. 그런 마음들이 있었기에 이 세상이 존재할 수 있는 것이겠지요.

무언가를 보살핀다는 것은 자기 자신을 돌보는 일이기도 합니다. L이 강낭콩을 기르면서 기대와 걱정과 믿음과 사랑을 갖게 된 것처럼 생명을 보듬으면서 우리는 한층 성숙한 마음으로 세상을 바라보게 될 것입니다.

혼자 지내기 적적해서, 그저 예쁘고 귀여워서 반려동물을 집 안으로 들인 사람들도 양육을 하면서 생명의 가치에 새롭게 눈을 뜹니다. 식물은 비교적 짧은 시간 동안에 탄생과 성장과 소멸, 삶과 죽음이라는 전 과정을 우리에게 보여주어 우리가 삶 전체를 조망하도록 이끌어줍니다. 그리고 어느 순간에는 내가 그들을 보살피는 것이 아니라, 그들이 나를 돌보고 있다는 생각을 하게 될지도 모릅니다. 그것이야말로 생명과 생명 사이에 싹트는 가장 소중한 '의미'이니까요.

작은 정원에 식물 기르기
1. 강낭콩

강 낭 콩 은

강낭콩은 중앙아메리카 지역이 원산지인 콩과 식물입니다. BC 5세기경부터 재배된 것으로 알려져 있고, 유럽 사람들이 아메리카에 진출한 이후 유럽으로 전해졌습니다. 우리나라에서는 19세기 초에 일본을 통해 들어왔습니다.

강낭콩을 대량으로 재배하는 농가에서는 4월 중순경에 파종했다가 6월 하순이나 7월 초순, 장마철이 시작되기 전에 수확합니다. 장마철 전에 수확하는 이유는 강낭콩이 습기에 약한 탓에 꼬투리 안에서 콩이 썩을 수 있기 때문입니다.

사진에서 보는 것과 같이 강낭콩은 색깔과 형태가 다양합니다. 우리나라에서 흔히 볼 수 있는 강낭콩은 붉은색입니다.

강 낭 콩 구 입 방 법

강낭콩은 일반 재래시장에서 쉽게 구입할 수 있습니다. 가까운 시장에서 소량을 판매하지 않는다면 일반 쇼핑몰이나 모종을 판매하는 인터넷 사이트에서 30그램 포장된 것을 3,000원 정도에

구입하여 주변 친구나 이웃과 나누는 것도 좋은 방법입니다. 또 과학 실습 교재를 판매하는 인터넷 사이트에서 강낭콩과 배양토, 플라스틱 화분, 이름표 등이 갖추어진 강낭콩 기르기 세트를 구입할 수도 있습니다.

단, 수확한 지 3년이 지난 강낭콩은 발아할 가능성이 매우 낮기 때문에 언제 수확한 콩인지를 확인하는 것이 중요합니다.

강 낭 콩 기 르 기 1 : 배 양 과 파 종

강낭콩을 배양토나 흙에 곧바로 심어도 되지만, 강낭콩을 하루 정도 물에 불린 뒤 물에 적신 솜이나 화장지 위에 두면 뿌리가 나오는 모습을 확인할 수 있습니다.

강낭콩의 뿌리가 나오면 뿌리를 아래쪽으로 해서 흙이나 배양토에 심으면 됩니다. 이때 화분의 크기에 따라 2~3개 정도를 심는데, 흙의 깊이는 강낭콩 몸통의 2~3배 정도가 적당합니다. 그리고 흙이 충분히 젖을 만큼 물을 줍니다. 기온은 10도 이상이어야 하며, 계절이 맞지 않아서 기온이 낮을 때는 실내에서 기르는 것이 좋습니다.

강낭콩을 심은 지 3~4일 정도가 지나면 싹(떡잎)이 나옵니다. 이때부터는 강낭콩이 햇빛을 잘 받을 수 있게 해주어야 하고, 물은 흙이 마르지 않도록 흠뻑 줍니다.

강낭콩 기르기 2 : 성 장

떡잎이 나오고 일주일 정도가 지나면 줄기가 자라고 본 잎이 나옵니다. 생명을 양육할 때면 항상 그렇듯이, 강낭 콩을 잘 기르기 위해서는 정성을 다해야 합니다. 그렇다 고 강낭콩 곁에서 하루 종일 지키고 있을 필요는 없겠죠. 햇빛이 나오는 낮 동안에 화분을 창가로 옮긴다거나 흙 이 마르지 않도록 물을 잘 주는 것만으로 충분합니다.

그리고 한 가지 더! 강낭콩을 심은 뒤 2주 정도가 되면 줄기가 30센티미터 정 도 자라는데, 이때 지지대를 마련해주어서 줄기가 쓰러지지 않도록 해주어야 합니다. 처음에 지지대와 줄기를 끈으로 묶어주면 이후부터는 줄기가 지지대 를 감고 올라가게 됩니다.

강낭콩 기르기 3 : 꽃잎과 꼬투리

심은 지 한 달 보름(45~50일) 정도가 지나면 꽃봉오리가 맺히고 이어서 꽃이 피어납니다. 그리고 다시 일주일 정 도가 지나면 꽃망울이 떨어진 자리에 꼬투리가 자리를 잡습니다. 꼬투리는 시간이 갈수록 점점 커지고 꼬투리 안에서는 열매들이 점점 단단하게 영글어집니다. 그와 반대로 이때부터 강낭콩 줄기와 잎은 시들기 시작할 수 도 있습니다. 특히 밭이 아니라 화분에서 강낭콩을 키울 때 이런 현상이 자주 일어납니다. 화분이라는 제한된 공간에서는 강낭콩이 충분한 양분을 흡수할 수 없기 때문입니다.

강 낭 콩 기 르 기 4 : 수 확

농가에서는 꼬투리의 색깔이 갈색으로 변하면 수확을 합니다. 그리고 강낭콩은 조금 덜 무르익어도 이용할 수 있기 때문에 장마가 시작되기 전에 수확을 합니다.

하지만 가정에서는 굳이 수확을 하지 않아도 상관이 없으니, 강낭콩의 꼬투리가 단단하게 여물어질 때까지 지켜보아도 좋습니다. 그리고 나중에 강낭콩 꼬투리를 열고 그 안을 확인해보세요. 처음 씨앗으로 심었던 강낭콩을 꼭 빼닮은 새로운 생명이 있는 것을 발견하게 될 겁니다.

강 낭 콩 기 르 기 의 매 력

대량으로 재배를 하지 않는 한 강낭콩의 열매를 수확하는 것은 큰 의미가 없습니다. 보통 가정에서 강낭콩을 기를 때는 작은 화분에 세 개 정도를 심는데, 이중에 꽃을 피우고 열매를 맺는 것은 대개 한두 개에 불과합니다. 여기서 얻는 강낭콩의 숫자가 많지 않기 때문에 그것으로 요리를 하는 것도 적절하지 않습니다.

그런데도 강낭콩 기르기를 권장하는 것은 강낭콩이 작은 씨앗에서부터 출발하여 줄기와 잎이 자라고 꽃을 맺으며 열매를 만드는 전 과정을 비교적 짧은 기간에 보여주기 때문입니다. 강낭콩이 보여주는 이 성장과 변화의 과정을 함께하면서 생명이 지닌 경이로움을 느낄 수 있습니다.

그리고 어떤 식물은 일단 화분에 심어놓으면 별로 신경을 쓰지 않아도 잘 자라는 데 비해 강낭콩은 비교적 세심한 관심과 정성을 기울여야 한다는 점이 매력적입니다. 기르는 사람이 적절하게 마음을 쏟아야만 성공적인 결과를 얻을 수 있다는 점은 식물을 비롯한 생명 양육에 있어 매우 중요한 부분입니다.

진 짜 생 명 을 기 른 다 는 것

한때 다마고치라는 것이 크게 유행했습니다. 삐삐처럼 생긴 기계를 가지고 다니면서 가상의 반려동물을 기르는 것이었습니다. 쉽게 마음 줄 곳을 찾지 못하는 현대인의 애잔한 상황이 그런 상품을 통해 투영되었던 거죠.

다마고치 속의 가상 반려동물에게도 정을 주며 마음을 달래는데 하물며 진짜 생명을 기를 때는 어떨까요? 강낭콩을 기르면서 가끔씩 말을 걸어보거나 잎을 톡톡 건드려보세요. 식물에게 말을 거는 것은 나 자신의 마음에 말을 거는 것이기도 합니다. 그러면 식물은 말없이 우리의 마음을 쓰다듬어줄 겁니다.

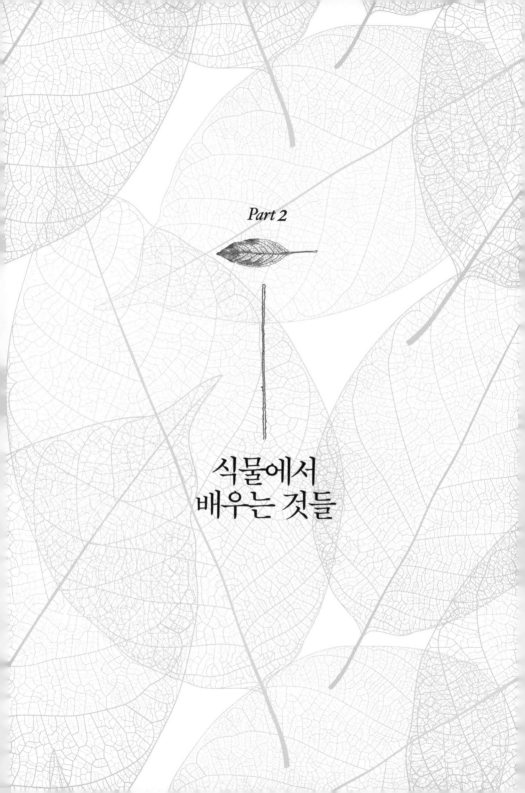

Part 2

식물에서
배우는 것들

식물에서 나를 찾다

고등학교 1학년 M 군을 기억하세요? '희망은 인간을 속이는 나쁜 것'이라고 썼던 친구 말이에요.

식물 기르기 프로그램에 참가한 친구들이 다들 학생이어서 평일에는 시간을 내기 힘들 것 같아 저는 산책 삼아 텃밭으로 가서 식물들에게 물을 주곤 했습니다. 그런데 어느 날 저녁 무렵 텃밭에 가보니 M 군이 혼자서 기다란 호스를 이리저리 끌고 다니며 물을 주고 있었습니다. 자기가 키우는 식물들뿐만 아니라 친구들 것까지도 신경을 써서 고루고루 물을 주고 있더군요. 그제야 나는 우리 텃밭에 유난히 잡초가 자라지 않았던 이유를 알게 되었습니다. 무의 싹이 튼 뒤로 M 군은 프로그램을 진행하는 날이 아니어도 틈틈이 텃밭으로 향했던 것입니다. 그 모습을 멀리서 지켜보며 알은체를 할까 하다가 뒤돌아섰습니다. 괜히 칭찬이라도 해주면, 그것이 계면쩍어 다시는 텃밭에 '몰래' 나오지 않을지도 모른다는 생각이 들었거든요.

M 군의 어머니에게 전화를 걸어 요즘 집에서 M 군이 어떻게 지내는지 물어보았습니다. M 군의 어머니는 실망스럽게도 별로 달라진 것이 없다고 답했습니다. 하지만 저는 M 군이 지금 변화의 과정 중에 있다는 것을 확신했습니다. 아마도 집에서는 센 척하느라 여전히 퉁명스럽고 날카롭게 구는 것이라고 생각했습니다.

무가 한창 자라나던 무렵에 M 군은 평가지에 이렇게 적었습니다.

비가 많이 오면 짜증만 나던 옛날과 달리 지금은 내 밭의 추종자들(이 무렵에 M 군은 자신의 식물들을 이렇게 불렀습니다)이 세수하고 목욕하고 물 먹는 날이라고 생각하니 짜증이 줄어들었다. 흙과 먼지가 더럽힌 내 추종자들의 몸은 비라는 생명수로 씻긴다. 딱 알맞은 힘과 세기로, 양으로 내 추종자들을 닦아준다. 내가 닦아주면 상처받을지도 모르기 때문에 그저 비가 하는 것을 보기만 한다.

M 군은 식물과 관계를 맺으면서 세상을 바라보는 시각이 변화했습니다. 자신의 입장에서 보면 비가 오는 날이 불편하지만, 식물의 입장

에서 생각하면 비는 선물입니다. 식물의 입장에서 세상을 바라보는 시각을 가진 사람이라면 다른 사람의 입장에서 생각하는 것도 자연스럽고 쉬운 일이 될 것입니다.

식물을 돌보는 과정이 조금 더 진행된 뒤에 M 군에게 '평행적 주제들(parallel issues)'이 나타나기 시작했습니다. 평행적 주제들이란, 식물을 양육하는 경험을 통해서 지각한 생명 현상을 자신의 생명 현상과 비교하여 동일시하거나 동등하게 인식함으로써 생각하게 되는 주제들을 말합니다. 씨앗이 자라고, 싹을 틔우고, 식물의 키가 자라고, 꽃을 피우고, 열매를 맺고, 성숙하고, 시간이 지나면서 조금씩 시들고, 결국 죽고, 다시 다른 세대에서 새로워지는 식물의 생명 과정을 지켜보면서 인간의 삶에서 나타나는 여러 가지 현상들을 좀 더 쉽게 이해하게 되는 것이죠. 식물을 기르는 대부분의 사람들은 식물 세계에서 일어나는 사건들과 자신이 현재 겪고 있는 상황을 의식적으로 혹은 무의식적으로 연결하는 경험을 합니다.

그럼 M 군의 평가지에는 어떤 평행적 주제들이 등장했을까요?

식물을 키우기 시작한 초기에 텃밭에 무성하게 자라는 잡초들을 M 군은 '적'으로 간주했습니다. 그래서 잡초를 제거하는 작업을 하면서 자기 자신을 적을 무찌르는 장수로 표현하기도 했습니다. 물론 텃밭에 심은 식물들이 잘 자라기 위해서는 잡초를 제거해주어야 합니다. 하지만 자연의 힘으로 스스로 자라나는 잡초를 적대시해서는 안 되죠.

그러던 어느 날, M 군은 끊임없이 땅 속에서 자라나는 잡초들을 보면서 잡초들의 '끈기'와 '생명력'을 깨닫게 됩니다. 자신의 보살핌을 받으면서 자라는 무, 감자와 마찬가지로 잡초들도 생을 포기하지 않고 있다는 사실을 알게 된 것이죠. 그제야 M 군은 잡초를 적이 아닌 같은 생명체로 받아들입니다.

오늘은 힘이 없어서 잡초를 제대로 뽑지 못했다. 클로버의 강인한 생명력, 땅 밑에 숨어 있다가 일어서는 신기한 모습들. 겉으로만 본 클로버와 매우 다른 모습이었다.

부모님께서는 날 잡초와 같은 아이로 키우고 싶다고 하셨다. 어디에서도 강인한 생명력으로 자라나는, 온실의 화초보다는 거친 세상 속 파릇한 꿈을 갖고 살아가는, 그런 영원한 생명력의 원천. 다시 쓰러져도 일어나서 또다시 도전하는, 늘 하늘을 향해 살아가는 그런 멋진 놈, 멋진 녀석으로. 난 그런 잡초 같은 사람은 아니지만, 이것만은 확실하다. 하늘을 향해 푸른 마음으로 자라고 있다는 것.

이 무렵에 M 군은 '희망이란?'이라는 질문에 이렇게 적었습니다.

가능성, 확률 등의 말로 우리 세상 곳곳에 있는 것.

처음보다 많이 발전하지 않았나요?

M 군의 이야기는 앞으로도 계속 이어질 것입니다. 그리고 이 친구가 우리에게 들려줄 아주 중요한 이야기가 남아 있습니다. 그러니 이 책을 읽는 동안 계속해서 M 군을 기억해주세요.

지금 들려드릴 이야기는 원예치료를 공부하는 사람들 사이에서는 꽤 유명한 미국의 사례입니다.

40대 초반의 L은 중증의 알코올 의존증 환자였습니다(애석하게도 미국의 연구보고서에는 그냥 '40대 초반의 남성'이라고만 언급되어 있습니다. 아마도 이 이야기의 주인공이 본인의 이름이 밝혀지는 것을 꺼렸던 모양입니다. 'L'은 제가 임의로 붙인 이니셜입니다). 몇 번이나 술을 끊으려고 했지만, 그것은 그의 의지만으로는 불가능한 일이었습니다. 그래도 이전에는 술을 끊겠다는 의지가 있어서 스스로 병원을 찾아가고 알코올에 중독된 사람들의 치유 모임에 나가기도 했습니다. 하지만 거듭 금주에 실패하면서 이제는 될 대로 되라는 식으로 생각하기에 이르렀죠. 생활은 엉망이 되었고, 직장에서도 쫓겨났습니다. 그는 사회에 적응할 수 있는 능력을 거의 잃어버렸습니다.

그의 아내는 술을 끊지 않는다면 아이들과 함께 떠나겠다며 최후통

첩을 했습니다. 전에도 같은 일을 몇 번 겪었지만, 이번에는 진짜 마지막이라는 것을 L은 직감했습니다. 아내의 시선은 싸늘했고, 음성은 메말라 있었습니다. 그는 더 이상 아내가 자신을 기다려주지 않을 것이라는 사실을 깨달았습니다. 술을 마시지 않아 정신이 약간이나마 맑은 날, 그는 오래전에 자신을 진료했던 의사를 찾아갔습니다.

L이 찾아갔을 때, 의사는 한숨을 푹 내쉬었습니다. 이미 전에도 몇 번 실패를 경험한 데다 이번에 찾아온 L은 그때보다 상태가 더욱 악화되어 있었습니다. 육안으로 보기에도 더는 손을 쓸 수 없을 만큼 그의 몸과 마음은 피폐해져 있었습니다.

의사가 말했습니다.

"이제 내가 할 수 있는 일은 아무것도 없습니다."

L은 아무 말도 할 수 없었습니다.

"의사로서 입원 치료를 권해야겠지만, 그런 방법으로는 당신을 살릴 수 없을 것 같군요."

잠시 침묵이 흐른 뒤 의사가 다시 입을 열었습니다.

"만약 당신이 정기적으로 병원에 나오는 것 이외에 한 가지를 더 하겠다면, 나도 최선을 다하겠습니다. 솔직히 당신에겐 선택의 여지가 없어요."

마지못해 L은 고개를 끄덕였습니다.

의사가 권한 '한 가지 더'가 바로 원예치료였습니다. 미국에서는 원예치료가 제법 활성화되어 있어서 병원치료와 원예치료를 병행하는 의사들이 많다고 합니다. L의 주치의가 바로 그런 의사들 가운데 한 사람이었던 거죠.

L은 그 다음 날 의사가 소개해준 원예치료사를 찾아갔습니다. L을 면담한 원예치료사는 제이드 플랜트(Jade Plant, 우리나라에서는 비취나무라고 부릅니다)를 내밀며 말했습니다.

"전에 식물을 길러보신 적이 있습니까?"

"정원에 호스로 물을 주기는 했죠. 이런 화분에 식물을 기른 적은 없지만, 식물이 물과 햇빛과 흙을 필요로 한다는 것쯤은 잘 알고 있습니다."

"2주일 뒤에 이 제이드 플랜트를 들고 다시 오십시오. 이제 가셔도 좋습니다."

늘 그래왔듯, 굉장히 까다로운 상담과 여러 가지 절차를 밟을 것이라고 예상해 마음을 단단히 먹었던 L은 다소 허탈한 기분으로 집으로 돌아갔습니다.

제이드 플랜트는 다육식물입니다. 다육식물이란, 잎이 뚱뚱하고 즙이 많은 식물입니다. 뚱뚱한 잎에 다량의 수분을 저장하고 있기 때문에 물 없이도 거의 한 달을 버틸 수 있습니다. 다육식물을 잘 기르는 첫 번째 원칙은 오히려 물을 덜 주는 것입니다.

하지만 L은 그러한 사실을 꿈에도 몰랐습니다. L은 자신이 아는 상

106

식대로 제이드 플랜트를 길렀습니다. 햇살이 잘 드는 창가에 화분을 두고 하루에 한 번, 흙이 말랐다 싶으면 하루에 두 번 물을 주었습니다. 며칠 지나지 않아 제이드 플랜트의 잎 색깔이 누렇게 바래기 시작했습니다. L은 자신이 물을 덜 주어서 제이드 플랜트가 병들었다고 생각했습니다. 그래서 더 자주 물을 주었습니다. 그러자 제이드 플랜트의 탱탱한 잎이 쭈글쭈글해지기 시작했습니다. L은 도무지 원인을 알 수가 없었습니다. 햇빛이 있고 물도 충분히 주고 있는데 왜 시름시름 앓는지 답답하기만 했습니다. 결국 제이드 플랜트는 누렇고 쭈글쭈글 해져서 죽고 말았습니다.

L이 생명을 다한 제이드 플랜트를 보며 거기에서 자신의 모습을 발견한 것은 어쩌면 기적 같은 일이었는지도 모릅니다. 원예치료사가 L에게 제이드 플랜트를 기르도록 하면서 주의사항을 일러주지 않은 것은 의도된 계획이었지만, L이 물을 필요 이상으로 많이 먹어서 죽어버린 제이드 플랜트 앞에서 알코올에 중독되어 죽어가고 있는 자신의 모습을 발견하게 되리라고는 원예치료사도 장담할 수 없는 일이었습니다.

이후 L은 의사를 찾아가 병원에 입원하겠다는 의사를 밝혔습니다. 그리고 의사의 정기적인 치료에 성심을 다해 협력했습니다. 3개월이 지난 뒤 병원을 나설 때 그는 전혀 다른 사람이 되어 있었습니다.

그는 열심히 정원을 가꾸었고, 시에서 진행한 공원의 조경 사업에

도 봉사자로 참여했습니다. 건강을 회복한 것은 물론이고 다시 직장 생활도 시작했습니다. 그리고 가족과 함께 행복한 시간을 보냈습니다.

L에 대한 이야기는 여기까지입니다.

이 사례가 보고된 것은 1994년이었습니다. 지금으로부터 꼭 20년 전의 일입니다. 지금쯤 L은 60대 중반이 되어 있을 겁니다. 저는 지금도 그가 정원을 가꾸고 공원의 식물들을 돌보며 행복하게 살고 있으리라 믿습니다.

이 이야기를 접한 뒤 나는 가끔 죽어버린 제이드 플랜트 앞에서 더할 나위 없는 절망에 빠져 있는 L을 상상해보곤 했습니다. 더 이상 무너지려야 무너질 수도 없다는 깊은 패배감에 빠졌지만, 그는 물에 빠진 사람이 바닥을 박차고 위로 솟아오르는 것처럼 절망을 딛고 다시 시작해야겠다는 마음을 다졌을 겁니다. 그 순간 그의 마음속에 일어난 변화를 생각할 때마다 나는 가슴이 벅차오르곤 합니다.

사람이 겪는 시간을 식물도 똑같이 겪습니다. 마찬가지로, 식물이 지나는 시간을 사람도 똑같이 지납니다. 탄생과 성장, 쇠퇴, 죽음……. 길고 짧다는 차이만 있을 뿐 사람에게나 식물에게나 이 삶의 과정은 공평하게 주어져 있습니다. 식물을 키우는 사람들이 때때로 식물에서 자신의 모습을 발견하거나 자신과 식물을 수평적 관계에 놓고, 식물에서 일어나는 생명 현상을 자신의 생명 현상과 동일시하는 경험을 하게 되는 것은 바로 그 때문일 겁니다.

미국의 작가 오 헨리가 쓴 단편소설 「마지막 잎새」는 누구나 알고 있을 것입니다. 국어 교과서에 단골로 등장하는 작품이니까요. 그래도 함께 기억을 되새기는 뜻에서 잠깐 줄거리를 옮겨보겠습니다.

젊은 여류 화가 존시는 계절이 겨울로 바뀌던 가을의 끄트머리에 폐렴에 걸려 병원에 입원합니다. 의사는 언니 수에게 존시가 회복될 가능성은 10분의 1밖에 없다고 알려줍니다. 살려는 의지가 털끝만큼도 없기 때문이었습니다.

존시에게 어떤 일이 있었는지 작가는 알려주지 않습니다. 아마도 존시는 사랑하는 사람을 잃었거나, 아니면 어떤 지독한 일을 당해 삶의 의미를 상실했을 테지요. 그녀는 절망을 자신의 운명으로 받아들이고 죽음을 향해 다가가고 있었습니다.

그러던 어느 날 언니 수는 존시가 창밖을 바라보며 숫자를 거꾸로 세고 있는 것을 발견합니다.

"열둘, 열하나, 열, 아홉……."

존시는 창밖 담쟁이넝쿨의 잎이 겨울의 찬바람에 한 잎 한 잎 지는 것을 세고 있었습니다. 그녀는 담쟁이넝쿨의 잎이 모두 지면 자신도 죽게 될 거라고 예감을 하고 있었습니다.

언니 수는 이 사실을 베어먼이라는 늙은 화가에게 들려주며 울음을 터뜨립니다. 베어먼은 무능력한 데다 무뚝뚝하고 말수가 적은 사람이죠. 그 이야기를 들은 베어먼은 별 해괴한 소리 다 듣겠다며 벌컥 화를 냅니다. 하지만 베어먼은 세찬 바람이 불고 눈비가 내리는 창밖을 불안한 눈길로 바라봅니다.

다음 날 존시가 수에게 창문의 커튼을 올려달라고 부탁합니다. 다행히 거센 눈비에도 담쟁이넝쿨에는 아직 잎 하나가 매달려 있었습니다. 그 다음 날에도 잎은 꿋꿋하게 살아 있었습니다. 세찬 바람과 눈비를 이겨낸 그 '마지막 잎새'를 보며 존시는 삶의 의지를 회복합니다. 그리고는 수에게 언니가 요리하는 것을 보고 싶다고 말합니다.

존시가 집으로 돌아온 날, 수는 아래층에 사는 화가 베어먼이 폐렴에 걸려 죽었다는 사실을 알게 됩니다. 그제야 수는 세찬 바람 속에서도 끝끝내 지지 않은 마지막 잎새의 비밀을 깨닫게 됩니다. 그 마지막 잎새는 베어먼이 남긴 마지막 작품이었던 것이지요.

소설에서나 가능한 이야기이지만, 그렇다고 해서 터무니없는 이야기라고 말할 수는 없을 겁니다. 절망의 문턱에 선 사람은 자신의 운명을 자기 이외의 어떤 존재에 걸어보기도 하니까요.

사실 우리 주변에는 이런 이야기가 많이 있습니다. 죽기를 각오하고 절벽에 선 사람이 절벽의 암반 틈에 자라난 꽃을 보고 마음을 고쳐먹었다든지, 완전히 낙담하여 모든 것을 포기해버린 이가 콘크리트 틈새에 뿌리내린 풀잎을 보며 부끄러움을 느꼈다는 이야기들 말입니다.

이런 이야기들 중에 몇몇 일화들은 책으로 엮여 많은 사람들에게 감동을 주었습니다. 사람들이 그런 이야기를 좋아하는 데에는 다 그만한 이유가 있을 겁니다. 사람들이 식물의 삶과 인간의 생을 완전히 별개의 것으로 여기고 있다면 우리는 그런 이야기에 감동할 수 없겠지요.

유치원을 운영하던 시절 학부형 중에 은행에서 일하는 이가 있었습니다. 제자의 엄마들은 자주 만나는 편이어도 아빠들을 만날 일은 별로 없기는 했지만, 그 사람은 유독 유치원 행사에서 얼굴을 보기 힘들었습니다. 들리는 말에 의하면 은행에서 아주 중요한 일을 맡고 있다고 했습니다. 금융 상품을 개발하는 부서의 팀장이라고 하더군요. 당연히 연봉이 높을 테고 그만큼 업무량이 많았을 겁니다. 그렇게 바쁘다 보니 어여쁜 딸이 실력을 뽐내는 자리에도 얼굴을 비칠 수가 없었을 겁니다.

아이들이 초등학교에 진학하면서 유치원을 떠나간 뒤에도 나는 그 아이들과 인연을 놓지 않으려 애썼습니다. 유치원이 있는 동네에 사는

제자들은 물론이고 멀리 이사를 간 아이들의 소식도 묻고 물어서 간간이 접하고는 했습니다. 그런데 은행에 다니는 아빠를 둔 그 제자의 소식만은 들을 수가 없었습니다. 초등학교 3학년 때 서울의 좋은 동네로 집을 옮겼다는 소식까지는 들었는데, 그 이후로는 감감 무소식이었습니다. 연락이 닿는 제자들을 통해 탐문을 해보아도 알 수가 없었습니다.

시간이 많이 지나 내가 원예치료학 공부를 할 때였습니다. 홍대 부근에 볼일이 있어 갔다가 커피를 사려고 카페에 들렀습니다. 차례를 기다리고 있는데, 한 아이가 저에게 다가와 말을 걸었습니다. 은행에 다니는 아빠를 둔 바로 그 아이였습니다. 너무 반가워 나도 모르게 꺅 소리를 지르고 말았습니다. 아이는 그 사이에 고등학생이 되어 있었습니다. 아이는 곧 친구 생일이어서 아빠와 함께 선물을 사러 나왔다가 달달한 것이 먹고 싶어서 카페에 왔다고 했습니다. 딸아이 친구의 선물을 같이 사러 나온 아빠…… 참 근사했습니다.

너무 반가워서 그냥 헤어질 수가 없었습니다. 그래서 염치 불구하고 부녀의 데이트에 끼어들었죠. 세월 탓일까요? 아빠는 아이가 유치원생일 때보다 많이 여유로워 보였습니다. 그러니까 아이와 함께 선물을 사러 나올 수도 있었겠죠.

"선생님, 유치원 그만두셨단 얘기 들었어요."

"애애, 그럼 넌 내 소식 알면서도 나한텐 연락 한번 안 한 거니?"

가볍게 흘겨보았더니 아빠가 더 쑥스러워했습니다. 무언가 말 못할 사연이 있는 듯했습니다.

"선생님 다시 대학생 됐어."

"네? 무슨 공부하시는데요?"

"응, 사람 공부랑 식물 공부."

이번에는 아빠가 더 놀랐습니다.

"식물…… 참 좋죠."

그러자 아이가 말했습니다.

"우리 집 꽃집 해요."

사연은 이랬습니다.

외환위기를 겪으면서 그 아이의 아빠가 다니던 직장에도 명예퇴직 바람이 불었습니다. IMF 때는 다행히 자리를 지켰지만 2002년에 닥친 모기지론 사태 때는 그도 명예퇴직의 압박을 피할 수가 없었습니다. 대학을 졸업한 후로 줄곧 은행에서만 일해왔기에, 다른 일을 새롭게 시작할 자신이 없었습니다. 점심시간이 되면 회사에서 나와 직장 주변을 걸으며 고민을 했습니다. 뾰족한 수가 떠오르지 않았습니다.

그러던 어느 날, 회사 근처 작은 공원의 벤치에 앉아 있는데 주변 화단에 피어 있는 꽃이 눈에 들어왔습니다.

'여기 원래 꽃이 피어 있었나?'

물론 꽃은 늘 그 자리에 있었습니다. 다만 그가 그 꽃을 발견하지 못했던 거죠. 그때 그 아이의 아빠는 이런 생각을 했다고 합니다.

'주변에 피어 있는 꽃을 보지 못할 정도로 바쁘게 살아가는 것이 과연 올바른 삶일까?'

그리고 또 이런 생각이 들었다고 합니다. 어쩌면 우리 딸아이와 아내 역시 내가 발견하지 못한 또 다른 꽃일지 모른다는…….

그래서 부인과 상의한 끝에 과감하게 사표를 냈다고 합니다. 외형적으로는 회사에서 쫓겨난 것이나 마찬가지였지만, 전혀 패배감이 들지 않았다고 합니다.

"그래서 바로 꽃집을 시작하셨어요?"

"그건 아닙니다. 제 나름대로 많이 알아보고 내린 판단이었습니다. 사실은 좀 편할 줄 알고 시작했는데, 일이 만만치 않습니다. 그래도 예전보다 좋습니다."

그날 참 행복했습니다.

삶이란 원래 완전한 것

'교육'을 영어로 하면 education입니다. 이 단어는 라틴어인 'educare'에서 온 말로, '밖으로 끌어내다'라는 뜻입니다. 내면에 있는 무한한 가능성을 밖에서 꽃 피우게 한다는 말이죠. 따라서 교육이란, 씨앗이 가지고 있는 그 본래의 본성을 드러낼 수 있도록 정원사가 흙을 고르고 물과 양분을 주는 것처럼, 아이 속에 내재해 있는 잠재 능력이 발휘되도록 좋은 환경을 갖추어주는 것을 뜻합니다. 이처럼 아이에게 좋은 환경을 갖추어준다는 것은 스타 선생이 있는 유명 학원에 보내거나 학군 좋은 동네로 이사를 가는 것과는 별개의 문제일 겁니다.

요즘 우리 아이들에게는 뛰어놀 공간이 별로 없습니다. 신도시 지역의 아파트 단지에는 놀이터가 마련되어 있지만 그 협소하고 단순한 공간 속에서 아이들이 무엇을 얻을 수 있을까요? 게다가 자동차가 폭발적으로 늘어나면서 바깥은 위험한 공간이라는 인식이 점점 팽배해지고 있습니다. 최근에 세워지는 아파트 단지는 단지 내에서 차량이 다닐 수 없도록 설계하는 등 사람 중심의 공간을 만들기 위한 노력을 하고 있지만, 인공적인 조형물로 이루어진 한정된 공간 속에서 '탐험'을 구속당한 아이들은 호기심의 크기도 점점 줄어들고 있습니다.

그뿐만이 아닙니다. 놀이 공간을 잃어버린 아이들은 집 안에서 컴퓨터와 비디오 게임에 몰두함으로써 사회성이 약화되고 있으며, 주의력 결핍 장애와 비만으로 고통받고 있습니다.

급격하게 대도시가 형성되고 마을을 바둑판처럼 구획 지었던 선진국에서도 같은 진통을 겪었습니다. 아이들이 볼 수 있는 것은 아스팔트와 죄다 비슷하게 생긴 집들과 장식용으로 집집마다 딸려 있는 잔디밭이 전부였습니다. 이와 같은 획일적인 공간이 인간의 삶을 피폐하게 만들고 아이들의 창의력을 떨어뜨린다는 사실을 발견한 그들 나라에서는 일찌감치 '학교정원 가꾸기'라는 프로그램을 시작했습니다. 말 그대로 학교에 정원을 만들고 아이들이 직접 그 정원을 가꾸도록 한 것입니다. 이 프로그램의 정식 명칭은 '정원기반교육(Garden-Based Education)'입니다.

정원기반교육을 통해 학교에서 아이들은 스스로 정원을 가꾸고 흙을 만지고 꽃과 식물을 키우고 수확의 즐거움을 누립니다. 지렁이가 흙을 기름지게 만들고 식물이 더 잘 자라도록 해준다는 사실을 알게 된 아이들은 지렁이를 더 이상 징그럽게 생각하지 않게 되었습니다. 그래서 밭갈이를 할 때도 행여나 지렁이가 다칠까 봐 더 조심스러워하지요.

정원기반교육을 통해서 아이들이 얻는 것은 자연에 대한 이해와 지식만이 아닙니다. 아이들은 친구들과 함께 실재 세계를 직접 경험하고 탐험하면서 협동심과 창의력을 키웁니다. 그리고 자신이 매일 먹는 음식이 어떤 과정을 거쳐 식탁 위에 오르는지 이해함으로써 세상살이의 구조를 익혀나가게 됩니다.

그리고 식물의 성장을 기록하고 크기를 측정하면서 과학과 수학에 대한 기본기를 배우게 됩니다. 당연히 많이 움직이고 맑은 공기를 호흡하니까 건강도 좋아지겠죠? 다른 아이들과 함께 의논하고 토론하고 일지를 쓰면서 언어 훈련도 하게 됩니다. 정원을 더 아름답게 가꾸기 위한 노력은 예술 활동과도 연결되고요. 채소를 심고 수확을 하면서 갖게 되는 성공 경험은 아이가 긍정적인 자아상을 형성하는 데 많은 도움이 됩니다.

정원기반교육을 처음 기획했을 때 아이들이 이처럼 다양한 긍정적 경험을 하게 되리라고는 예상하지 못했습니다. 단지 획일적인 환경에 갇혀 지내고 실재 세계로부터 격리되고 있는 아이들을 자연과 정원

속에서 자유롭게 활동하도록 하자는 취지가 그 출발점이었지요. 물론 이러한 생각 속에는 '자연과 멀어질 때 인간은 결코 행복할 수 없다'는 선험적인 직관이 깔려 있었습니다.

정원기반교육 프로그램에 참여하는 인원이 늘어나고 10년 이상 지속되면서 여러 가지 데이터가 쌓였습니다. 그리고 사람들은 그 데이터에서 처음 정원기반교육을 시작할 때는 예상하지 못한 수많은 긍정적 효과들을 발견하게 되었습니다. 그게 바로 위에서 말한 것들입니다.

그런데 정원기반교육을 통해 아이들이 얻는 무엇보다 큰 배움은 더욱 고차원적인 부분에 있었습니다. 물론 이것 역시 이 프로그램을 기획한 사람으로서는 전혀 기대하지 못한 것이었지요. 그것은 바로 아이들 대부분이 식물을 통해 자기 자신을 발견하고 있다는 사실이었습니다.

저 역시 어린 아이들과 함께 정원을 가꾼 적이 있습니다. 식물에 대해서 공부를 시작한 지 얼마 되지 않아 제가 운영했던 유치원에서는 유치원 전용 정원을 마련해서 아이들과 함께 채소를 심고 길렀습니다.

우선 아이들이 그렇게 한 가지 일에 깊이 몰두할 수 있다는 사실에 무척 놀랐습니다. 물론 한 가지 놀이에 몇 시간 동안이나 몰두할 수 있는 집중력만큼은 아이가 어른을 훨씬 앞섭니다. 하지만 아이들은 그렇게 한 가지에 몰두하다가도 흥미를 잃어버리면 다음 날에는 다른 것에 빠져듭니다. 그렇게 '새로운 것'을 찾아다니는 것 또한 아이의 특징입니다. 아이들은 그런 식으로 바쁘게 세상을 만나고 경험합니다.

하지만 정원의 아이들은 '식물 기르기'에 전혀 싫증을 내지 않았습니다. 오히려 시간이 지날수록 아이들은 더욱 높은 집중력을 보였고, 정원에 가지 않는 날에는 자신이 키우는 채소를 걱정하기도 했습니다. 그래서 처음에는 일주일에 한 번이었던 '현장 학습'이 결국 아이들의 성화에 못 이겨 일주일에 두 번으로 늘어났습니다. 아마도 유치원 선생님들은 이런 상황이 곤혹스러웠을 거예요. 아이들을 데리고 먼 거리를 이동하다 보면 아무래도 안전 문제가 발생할 수도 있으니까요.

아직 원예치료에 대한 공부가 깊지 못했던 그 시절, 아이들이 정원 활동에 싫증을 내지 않고 점점 빠져드는 현상에 대해서 그것 또한 아이들만의 독특한 특성이라고 생각했습니다. 아득한 옛날, 이제 막 농업에 눈을 떴을 무렵 우리 인간 모두는 주변의 자연을 돌보는 정원사였을 테니, 아직 인류의 원초적인 성향을 간직한 아이들 세계에서 그 '정원사 유전자'가 활발하게 활동하고 있을 것이라는 내 나름의 가설을 세웠던 거지요.

그런데 시간이 지나면서 아이들이 정원 가꾸기에 싫증을 내지 않는 이유가 나의 '정원사 유전자 가설' 때문만은 아니라는 사실을 느끼기 시작했습니다. 아이들은 내가, 그리고 유치원 선생님들이 가르쳐주지 않은 것을 스스로 배우고 있었습니다.

그러던 어느 날, 한 아이가 도리어 내게 큰 가르침을 주었습니다. 그 아이는 이렇게 말했습니다.

"나는 씨앗이에요. 어른이 될 모든 게 들어 있어요."

깜짝 놀랐습니다. 하지만 그게 전부가 아니었습니다.

"그래서 잘 크면 좋은 어른이 될 거예요."

아이는 자신 안에 모든 가능성과 기회가 담겨 있으며, 좋은 환경이 갖추어질 때 훌륭한 어른으로 자랄 수 있다는 사실을 이미 알고 있었습니다. 반대로 제대로 된 양육을 받지 못할 때는 훌륭한 어른이 될 수 없다는 것도 이미 알고 있었던 것이지요.

한 알의 씨앗 속에는 나중에 꽃으로 자라고 열매와 채소가 되고 나무로 자라날 모든 설계도와 청사진이 담겨 있습니다. 그 씨앗이 꽃이 되고 채소가 되고 나무로 자라도록 만드는 것은 환경입니다. 좋은 토양과 적절한 양분, 알맞은 햇빛이 주어진다면 그 씨앗은 흙 밖으로 고개를 내밀고 쑥쑥 자랍니다. 이러한 사실은 특별히 식물학이나 생물학을 공부하지 않아도 누구나 알고 있습니다. 하지만 씨앗과 환경의 상관관계를 아이와 양육 환경의 관계로 연결하거나 확대해서 생각하는 어른이 몇이나 있을까요? 과연 환경과 양육에 대해서 그 아이만큼이나 정확하게 표현할 수 있는 어른이 몇이나 될까요?

아이는 씨앗을 심고 보살피면서 자신과 씨앗의 유사성을 발견했습니다. 그리고 자신이 보살피는 씨앗과 식물이 잘 자라는 것처럼 자신도 좋은 보살핌을 받으면 '좋은 어른'이 될 거라고 생각을 한 것이지요.

언젠가 한 강연에서 청중들에게 이렇게 물은 적이 있습니다.

"고추를 잘 키우려면 누구한테 배워야 하죠?"

웅성거리는 청중들 사이에서 답변이 돌아왔습니다.

"시골 농부한테 배워야죠."

다시 이렇게 물었습니다.

"그럼 그 농부는 누구한테 고추 키우는 법을 배웠을까요?"

이쯤 되면 듣는 사람들도 질문을 시시하게 여깁니다.

"농부 아버지한테 배웠겠죠."

"그럼 농부 아버지는요?"

"농부 할아버지……."

"농부 할아버지는요?"

끝이 없을 것 같은 질문과 답에 어떤 함정이 숨어 있다고 생각한 청중들은 입을 닫아버립니다. 그때 내가 이런 답을 내놓습니다.

"고추를 잘 키우려면 고추한테 배워야죠."

그러면 대부분의 사람은 시시한 농담에 당했다는 듯 피식 웃고 맙

니다. 하지만 몇몇 사람들은 내가 무슨 말을 하고 싶어 하는지 알겠다는 듯 미소를 지으며 고개를 끄덕여 보입니다.

처음 고추를 기른 인류에게 고추 기르는 법을 가르쳐준 이는 고추 자신이었습니다. 고추는 어떤 환경에서 자신이 잘 자라는지 보여줌으로써 사람들에게 그러한 환경을 갖추도록 가르쳤습니다. 지금 우리가 기르고 재배하고 수확하는 모든 것들이 똑같습니다. 물론 우리 인간의 노력과 연구에 의해 생산량이 늘어난 것이기는 하지만요.

아이를 키우는 것도 마찬가지입니다. 아이를 잘 키우려면 아이한테 배워야 합니다. 아이들은 자신이 어떤 환경 속에 있을 때 편안함과 행복을 느끼는지 잘 알고 있습니다. 그런데 어떤 부모들은 아이를 생각하기보다는 자신을 먼저 생각합니다. 그래서 자신이 편한 쪽으로 일방적으로 환경을 만들어버립니다. 그게 아이를 힘들게 한다는 걸 전혀 생각하지 않고서 말이에요. 그러면서 '착한 아이' '공부 잘하는 아이' '얌전한 아이'라는 굴레를 씌웁니다. 그렇게 부모가 원하는 대로 아이가 자라기를 바랍니다. 아이는 부모의 기대를 저버리지 않기 위해 '착한 아이'가 되려 하고 '공부 잘하는 아이'가 되려 하고, '얌전한 아이'가 되려 합니다. 하지만 그것은 결코 아이의 방식이 아닙니다. 그 모든 것이 아이에게는 엄청난 스트레스가 됩니다. 사과로 자라날 아이를 온갖 약물과 주사를 투입해서 수박으로 만들려는 것이 오늘날 대부분의 우리 부모들이 가진 생각 아닐까요?

갓 태어난 아기가 마주하는 첫 번째 심리적 상황은 세상에 대한 믿음을 얻는 것입니다. 이와 같은 기본적인 신뢰감은 아기가 부모를 통해 기본적인 욕구를 충족시키는 일관되고 지속적인 경험을 통해서 얻게 됩니다. 아기의 생리적인 욕구가 제대로 충족되고 부모와 순수한 애정 관계를 쌓으면 아기는 세상을 안전한 곳이라고 받아들이게 되는 거죠. 세상에 대한 기본적인 신뢰감은 삶의 의욕을 키우고 긍정적인 세계관을 갖는 기초가 됩니다. 따라서 갓난아기를 가진 부모가 할 일은 딱 한 가지입니다. "이 세상은 네가 믿어도 좋을 만큼 안전한 곳이야"라는 믿음을 갖게 만들어주는 것입니다.

부모와 세상에 대한 신뢰감을 얻은 2~3세의 아동은 스스로 독립적으로 행동하고자 하는 강한 욕구와 마주하게 됩니다. 만약 부모가 아동 스스로 할 수 있는 신체 동작이나 놀이 등을 허용해주고 격려해주면 아이는 자율성을 형성하게 됩니다. 이러한 자율성은 이후에 아이가 독립성과 자기 존중감을 기르는 기초가 됩니다.

4~5세의 아동은 외부 세계에 대해 적극적이고 능동적인 신체 활동을 하고 싶어 하고 이 시기에 언어 능력은 부쩍 향상됩니다. 아이들의 이러한 성향을 심리학에서는 '주도성의 요구'라고 표현합니다. 주도성은 자신의 활동을 스스로 계획하고 추진하고자 하는 의지입니다. 적당

한 자유가 주어진 상황에서 마음껏 탐색하고 실험할 수 있는 환경이 주어진 가운데 부모와 교사가 아이들의 질문에 진지하게 응하고 아이가 문제해결을 하는 자발적인 의사를 갖도록 격려해주면 아이의 주도성이 발달합니다.

반면에 아이가 자율성을 키워야 하는 시기에 부모나 교사가 아이의 미숙한 행동을 참지 못하고 모든 것을 대신해주거나 지나치게 간섭하고 통제하면 아이는 자신의 행동에 대해 수치심을 느끼고 심한 자기상실에 빠지게 됩니다. 또 주도성을 키워야 하는 시기에 아이의 신체활동을 지나치게 제한하고 질문이나 호기심을 의미 없고 귀찮은 것으로 취급하면 아이는 자신에 대해 심한 죄책감을 갖게 됩니다.

그런데 지금 우리의 교육과 양육은 어떤가요? 아이가 가진 가능성과 잠재력을 키우는 방향으로 가고 있나요, 아니면 그것을 축소시키고 죽이는 방향으로 가고 있나요? 아이가 가진 무한한 크기를 무시한채 어른이 적극적으로 개입해야만 제대로 된 교육을 할 수 있다고 생각하는 것은 엄청난 자만입니다. 아이에게는 훗날 거대한 나무로 자랄 설계도가 이미 갖추어져 있습니다. 그런데 오히려 어른이 그 설계도를 망치고 있는 건 아닐까요?

다음 시를 한번 읽어보셨으면 합니다.

생각은 공부할 때 물건 살 때 뭐 만들 때 필요해요

생각은 1 더하기 1 그런 걸 할 때도 필요해요

마음은 생각도 잘할 수 있게 해요
속상할 때 화날 때 싸울 때 마음이 쿵쾅쿵쾅거려요

사람은 둘인데 마음은 하나가 될 수 있어요
마음에는 안테나가 있어요
어떤 때는 한국에 있는 사람하고
일본에 있는 사람하고도 마음이 통해요

마음이 없으면 죽어요
생각이 없으면 공부를 잘 못하고
뭐 만들고 그러는 데 불편해요
그렇지만 죽진 않아요

위의 시는 유치원의 정원에서 식물을 길렀던 어린이가 쓴 것입니다. 정원에서 기른 채소들을 수확하고 난 뒤에 '마음과 생각'이라는 주제로 시를 쓰게 했더니 한 아이가 이렇게 훌륭한 시를 지은 것입니다.

아이들은 마음과 생각에 대해 나보다 더 잘 알고 있었습니다. 특히 '생각이 없는 것은 불편할 뿐이지만 마음이 없으면 죽는다'는 인식은

대체 어떻게 해서 갖게 된 것일까요? 나와 유치원 선생님들이 해준 것이라고는 아이들 곁을 지켜주고 쉴 새 없이 던져지는 질문에 답해주기 위해 노력한 것뿐입니다. 이러한 최소한의 환경 속에서도 아이들은 씨앗이 지닌 가능성을 자기 안에서 발견하고 마음의 중요성을 스스로 깨우쳐 가고 있었습니다.

아이들은 이토록이나 완전합니다. 어른들이 할 일은 다만 아이들이 가진 완전함을 해치지 않는 것입니다. 그런데 오늘날 학교와 학원, 가정에서 행해지는 대부분의 교육은 생각과 공부만을 강요하면서 아이들의 마음을 죽이는 방향으로 가고 있는 게 아닌가 하는 생각이 듭니다.

에릭이 특수 유치원의 언어치료 프로그램을 시작한 것은 우리나라 나이로 다섯 살이었습니다. 에릭의 엄마는 임신 기간을 모두 채운 뒤 자연분만을 통해 에릭을 순산했습니다. 에릭은 여느 아이들처럼 건강하게 잘 자랐습니다. 아니, 그렇다고 엄마는 믿었습니다. 그런데 생후 18개월이 되었을 때 에릭의 엄마는 자신의 아이가 여느 아이들에 비해 말을 배우는 속도가 현저히 뒤처진다는 사실을 알게 되었습니다.

아동 특수 교육을 담당하는 전문가들은 에릭이 정상적인 아이들보다 언어를 수용하고 표현하는 능력 면에서 지체를 보이는 것으로 판

정했습니다. 그들은 언어치료 프로그램을 진행하는 특수 유치원을 엄마에게 추천했습니다. 그래서 1986년, 에릭이 다섯 살이 되었을 때 특수 유치원의 언어치료 프로그램에 참가하게 된 것이지요.

본격적인 치료 프로그램을 시작하기에 앞서 프로그램 진행자들은 에릭이 처한 환경을 조사했습니다. 에릭의 부모는 불화를 견디지 못하고 별거 중이었습니다. 엄마와 에릭, 에릭의 동생은 외할아버지 집에서 신세를 지고 있었습니다. 표면적으로 보았을 때 에릭의 가정은 결코 '안정적'이라고 말할 수 없었습니다.

그리고 지능 검사를 실시했습니다. 매우 치밀하게 진행된 지능 검사에서 에릭은 같은 또래의 아이들이 지닌 평균 범위의 지능을 갖고 있다는 사실이 밝혀졌습니다. 에릭이 언어 장애를 겪고 있었던 것은 지능 문제가 아니었던 거죠. 그래서 프로그램 진행자들은 부부의 불화와 비정상적인 가정환경이 에릭의 의사소통과 대인관계 능력에 부정적인 영향을 미친 것으로 판단했습니다. 이럴 때는 또래의 아이들과 어울리면서 사회성을 갖추도록 하고 부모와 아이가 함께 참가하는 프로그램을 통해 관계를 회복하도록 해야 합니다. 이런 목적을 위해 특별히 고안된 프로그램이 시작되었고, 에릭은 이제 새로운 출발점에 섰습니다.

하지만 유치원에 다니고 또래의 아이들과 어울리기 시작하면서 에릭은 여러 가지 특이한 행동을 보였고, 이로 인해 에릭은 프로그램 진

행자들에게 요주의 대상이 되었습니다. 에릭은 참으로 통제 불능의 상태에 있었습니다. 일주일에 평균 26건의 말썽을 일으켰는데, 아이들 사이에 일어나는 사소한 다툼이나 신경전은 아예 포함시키지도 않은 수치였습니다. 에릭이 일주일 동안에 보인 평균 26건의 말썽은 모두 매우 심각한 수준의 이상 행동에 속했습니다.

에릭이 보인 비정상적인 행동의 주요한 주제는 엄마를 향한 분노였습니다. 에릭은 "엄마는 나빠. 그래서 불행해질 거야"라는 혼잣말을 자주 했고, 여자 어른 모습을 한 인형이나 장난감을 보면 그 즉시 공격적인 성향을 보였습니다. 언어치료 프로그램에서 진행한 10회의 놀이치료 기간 동안 엄마에 대한 공격성은 조금도 누그러지지 않았습니다.

전문가들은 에릭의 마음 깊은 곳에 부모에 대한 분노와 증오가 자리 잡고 있다고 판단했습니다. 그리고 에릭이 왜 그런 마음을 갖게 되었는지 부모와 상담하면서 원인을 찾아나갔습니다. 처음에 엄마는 왜 에릭이 그런 이상 행동을 보이는지 영문을 몰랐지만, 심리상담사와 이야기를 진행해나가면서 차츰 그녀는 자신이 에릭에게 깊은 상처를 주고 있다는 사실을 깨닫게 되었습니다.

그녀는 에릭을 가졌을 때부터 남편이 자신을 속이고 있다는 생각에 사로잡혔습니다. 그리고 시시때때로 남편을 증오하는 말을 내뱉고는 했습니다. 그녀는 그러한 행동을 에릭이 태어난 이후에도 멈추지 않았습니다. 결국 남편은 집을 나갔고, 이후로 그녀는 더욱 더 심하게 남편을 향한 증오와 분노의 말들을 쏟아냈습니다. 그러면서도 그녀는 자신이 에릭에게만큼은 좋은 엄마 역할을 하고 있다고 착각했습니다. 에릭 역시 부모 앞에서는 비교적 온순한 아이처럼 행동했습니다. 에릭의 부모가 자신의 아들이 순전히 지능이 떨어져서 언어 장애를 겪고 있다고 생각했던 것은 그 때문이었습니다. 하지만 에릭이 보인 언어 장애는 사실 부모, 특히 엄마에 대한 거부감의 한 표현이었던 것입니다. 그런데 에릭이 언어 장애를 갖고 있다는 사실을 안 뒤부터 엄마는 더욱 조바심이 나서 아이를 다그쳤습니다. 악순환이 시작된 거죠. 엄마가 에릭을 '지능이 떨어지는 아이'로 판단한 그 순간부터 에릭은 지속적인 통제와 간섭 속에서 살아야만 했습니다. 마음이 죽으면서 생각도 멈추어버리고 말았습니다.

전통적인 방식의 놀이치료를 하는 것만으로는 부모에 대한 에릭의 감정을 순화시킬 수 없었습니다. 놀이치료를 진행하는 동안에도 에릭은 교실에서 더욱 자주 공격적인 행동을 보였고, 시간이 지날수록 상황은 더욱 악화되었습니다. 프로그램 진행자들과 전문가들은 에릭을 위한 '특별한 교육'이 필요하다는 데에 공감했습니다.

이럴 때 상황에 딱딱 맞는 프로그램이 미리 준비되어 있다면 얼마나 좋을까요? 하지만 사람은 기계나 로봇이 아니기 때문에 A라는 상황에 A-1이라는 심리 처방을 할 수 없습니다. 사람 개개인은 너무나 특별한 존재이기 때문에 사람마다 특별한 처방을 받아야 합니다.

에릭을 살펴본 전문가들은 회의를 거듭한 끝에 이런 가설을 세웠습니다.

'에릭에게 무언가를 기를 기회를 준다면 어떨까? 보살핌(caring)과 양육(nurturing)을 하면서 책임감을 키우고 자아를 존중하는 능력을 갖게 되지 않을까?'

한 사람이 에릭에게 반려동물을 돌보게 하자는 제안을 했습니다. 하지만 반려동물을 키우는 데에는 너무 큰 책임과 노력이 따른다는 점 때문에 그 의견은 받아들여지지 않았습니다. 게다가 만약 반려동물이 죽을 경우, 치유를 위한 교육은 오히려 역효과를 가져올 수도 있었습니다. 그래서 전문가들은 원예치료를 적용하기로 했습니다. 식물을 기른다는 것은 반려동물을 기르는 것에 비해 덜 위험하고 간단하기 때문입니다. 이렇게 해서 에릭의 정원활동은 일주일에 두 번씩, 한 번에 45분으로 계획되었습니다.

에릭은 자신이 하게 된 새로운 치료 프로그램을 '자유 놀이'라고 생각했습니다. 왜냐하면 에릭이 하게 된 이 두 번째 프로그램은 특수 유치원에서 진행된 프로그램보다 더 많은 자유 시간이 허락되었고, 야외에서 행해졌기 때문입니다. 아이는 선생님의 별다른 지시나 가르침이 없는 상황에서 정원에서 자유롭게 돌아다녔고, 두 번째 시간부터는 정원에서 자라는 식물들에 관심을 갖기 시작했습니다. 그때 선생님이 에릭에게 말해주었습니다.

"이 식물들은 네 보살핌을 필요로 해. 어떠니, 에릭? 네가 이 식물들을 길러보지 않을래?"

세 번째 시간부터 에릭은 화분에 씨앗을 심고 물을 주었습니다. 그리고 화분에 자기 이름을 적었습니다. 그 식물을 '자기 것'으로 받아들인 것입니다. 에릭의 정원활동을 돕는 선생님은 에릭에게 물뿌리개를 선물해주거나 그림책 형태의 식물도감을 같이 읽는 것 외에는 모든 것을 에릭에게 맡겼습니다. 에릭은 식물을 기르고 돌보는 일이 전적으로 자신에게 주어져 있다는 사실을 깨달은 것 같았습니다. 그리고 그 역할을 즐겁게 받아들였습니다.

"내가 여기에 오지 않을 때 우리 식물들이 아프면 어떻게 하죠?"

정원활동 다섯 번째 시간에 에릭은 그렇게 말했습니다. 그리고 여덟 번째 시간에 에릭은 "나는 너의 아빠야. 좋은 아빠는 너를 돌봐줘. 나는 좋은 아빠가 될 거야"라고 고백했습니다.

에릭은 참으로 훌륭한 '정원사'였습니다. 처음 화분에 심었던 꽃을 지속적으로 잘 돌보았을 뿐만 아니라 밭 한쪽에 채소를 심기도 했습니다. 에릭은 어린 아이답지 않게 정성을 다해 식물들을 보살폈고, 식물들은 거기에 보답이라도 하듯 아주 잘 자라주었습니다. 에릭의 엄마도, 선생님도, 에릭 자신도 전혀 기대하지 못한 결과였습니다. 선생님은 에릭을 크게 칭찬하면서 많은 식물과 채소를 심을 수 있도록 더 넓은 정원을 제공해주었습니다. 아이는 자신의 정원에 무엇을 심을지 고심하면서 엄마에게 묻기도 했습니다. 에릭의 질문에 답해주기 위해 엄마 역시 식물에 대한 공부를 하지 않을 수 없었습니다. 그리고 열 번째 시간부터 엄마도 에릭과 함께 정원을 가꾸었습니다.

에릭은 선생님과 엄마로부터 최소한의 보조를 받으면서 흙을 고르고 식물을 심고 정원을 열심히 가꾸었습니다. 에릭은 자신이 정원에서 일하는 동안 아주 좋은 느낌을 받는다는 점을 선생님과 엄마에게 자주 이야기했습니다. 그 좋은 느낌을 에릭은 단어로 표현하지 못했지만, 분명 그것은 무언가를 보살피면서 갖게 되는 '사랑'과 '자부심'이었습니다.

여름이 끝날 즈음 30회기로 계획된 원예치료 프로그램이 끝났습니다. 그리고 에릭은 여느 아이들과 마찬가지로 유치원으로 돌아갔습니다. 물론 주말이면 엄마와 함께 '정원'으로 가서 계속 자신의 식물들을 보살폈습니다.

유치원 교실에서 에릭에 대한 평가는 대단히 고무적인 것이었습니다. 일주일에 평균 26건의 '말썽'을 일으켰던 에릭은 이제 일주일에 평균 2건의 말썽을 일으키는, 지극히 평범하고 정상적인 아이들과 똑같이 행동했습니다. 엄마에 대한 공격적 성향은 거의 나타나지 않았고,

또래 아이들과도 잘 지냈습니다. 그리고 에릭의 주의력과 집중력도 크게 향상되었습니다.

에릭은 종종 이렇게 말하곤 했습니다.

"우린 어린 생명을 돌보아야 해. 우리 정원의 식물들처럼 나도 엄마로부터 보살핌을 받고 있어."

에릭의 선생님은 마지막 평가지에 이렇게 썼습니다.

'에릭은 행복해 보입니다.'

한번 돌이켜볼까요?

선생님이나 프로그램 진행자들, 에릭의 엄마가 에릭을 위해 해준 것은 무엇이었을까요? 에릭이 언어 장애를 겪고 있다고 생각했던 초기에는 놀이치료를 진행했습니다. 하지만 이내 에릭이 겪고 있는 진짜 고통이 그게 아니라는 사실을 알게 된 뒤 선생님들은 아이에게 더 많은 자유를 주어야 한다고 생각했습니다. 그리고 식물을 기르도록 이끌어주었습니다. 그게 전부입니다.

원예치료는 억지로 무언가를 주입하거나 가르치려 들지 않습니다. 식물과 일대일로 만나는 시간 속에서 스스로 무언가를 찾아내고 발견하도록 가만히 지켜볼 뿐입니다. 사실 그 시간 동안 치료사에게는 큰 인내가 필요합니다. 원하는 만큼의 결과가 나오지 않을지도 모른다는 조바심이 생기기도 합니다. 하지만 아이가 완전한 존재라는 사실을 인식하는 순간 조바심은 사라집니다.

땅에 씨앗을 심은 뒤 물과 양분을 주고 틈틈이 잡초를 제거하는 정원사는 전적으로 씨앗이 가진 생명력을 믿고 기다릴 줄 압니다. 우리 부모들도 아이가 이미 갖고 있는 완전함을 믿어야 합니다. 부모가 할 일은 아이가 지닌 완전함을 꽃피우도록 좋은 환경을 만들어주는 것뿐입니다. 아이는 부모가 이루지 못한 것을 대신 실현시켜줄 욕망의 매개가 아닙니다. 또한 어딘가에 선보이며 사람들의 이목을 집중시키는 자랑거리가 되어서도 안 됩니다. 아이는 그 자체로 완전하고 독립되어 있는 자기 삶의 주인공입니다. 부모의 욕심 때문에 아이가 지닌 완전함을 훼손해서는 안 되고, 부모 인생의 들러리가 되게 해서도 안 됩니다.

아이들은 삶이 원래 완전하다는 사실을 어른보다 더 잘 알고 있습니다. 특히 화분이나 정원에 씨앗을 심고 보살핀 경험을 가지고 있거나 무언가를 키워본 아이들은 자기 안에 숨겨진 씨앗을 볼 줄 압니다. 그리고 자신이 무한한 가능성과 생명력을 지닌 경이로운 존재라는 사실을 깨닫게 됩니다. 아이들이 느끼는 그 벅찬 감동을, 아이의 눈망울을 들여다보면서 부모님들도 함께 느껴보시기 바랍니다. 그러면 존재가 지닌 기적은 결코 약해지거나 사라지지 않을 것입니다.

우리의 정원으로 놀러오세요

　1992년에 미국 로스앤젤레스에서 일어난 폭동을 기억하시나요? 백인 경찰관들이 흑인 청년 로드니 킹을 체포하면서 집단으로 구타를 했고, 이 장면이 고스란히 텔레비전을 통해 전파를 타면서 흑인들의 공분을 샀습니다. 문제는 그 다음에 일어났습니다. 로드니 킹을 체포하는 과정에서 가혹행위를 한 죄목으로 기소된 백인 경찰관들이 법원에서 모조리 무죄 판결을 받은 것입니다. 재판 결과에 주목하고 있던 흑인들은 누가 먼저랄 것도 없이 거리로 뛰쳐나갔습니다. 인종 차별에 대한 분노로 이성이 마비된 군중은 약탈과 방화 등 온갖 범죄를 저질렀고, 상점을 지키려는 이들과 약탈을 하려는 이들 사이에 총격전이 벌어지기도 했습니다. 특히나 미국 언론이 이 사건을 흑인사회와 한인 사회의 갈등 때문에 빚어진 것처럼 왜곡하면서 우리나라 교포들의 피해는 더욱 커졌습니다.

도시는 공포의 도가니에 빠졌습니다. 여기저기서 불길이 치솟았고, 흉기를 든 이들이 떼를 지어 다니는 살벌한 모습이 끊이지 않았습니다. 당시 방송국 헬리콥터를 통해 포착된 몇몇 장면들은 인간의 잔학성을 그대로 보여주었습니다.

로스앤젤레스 슬럼가의 크렌쇼 고등학교는 이 최악의 폭동이 일어난 곳에서 아주 가까운 곳에 위치해 있었습니다. 그렇지 않아도 학생들의 졸업 비율이 절반밖에 되지 않았던 크렌쇼 고등학교는 폭동 이후 상황이 더욱 악화되었습니다. 마을의 중요 시설들이 화재로 불타면서 주민들은 살기가 더욱 어려워졌고, 이로 인해 각 가정마다 불화가 깊어졌습니다. 폭동 이후 재학생의 60퍼센트가 갱단의 일원이 되었으며, 많은 학생들이 마약과 부모의 이혼, 가난으로 고통을 받았습니다. 마을이 화재에 뒤덮인 순간, 아이들의 꿈도 재가 되고 말았습니다.

크렌쇼 고등학교의 과학 교사 태미 버드는 아이들을 이대로 방치해 둘 수 없다고 생각했습니다. 잿더미 속에서도 무언가가 자라날 수 있다는 사실을 보여주고 싶었습니다. 아이들을 도울 방법을 찾던 그는 로스앤젤레스의 홍보회사 중역인 멜린다 맥멀린을 소개받았습니다. 함께 학교를 둘러본 뒤 두 사람은 아이들이 채소밭에서 일하는 것이 도움이 될 거라는 의견에 일치를 보았습니다.

왜 하필 채소밭이었을까요?

학생들이 채소를 기르도록 하자는 데 의견이 일치했지만, 사실 두 사람의 생각은 조금 달랐습니다. 맥멀린은 학생들이 스스로 채소를 키우고 그걸 수확하고 내다팔게 함으로써 소유 의식과 기업가 정신을 가르치고 싶어 했습니다. 훗날 그녀는 이렇게 말했습니다.

"사람들이 자기가 살고 있는 지역을 파괴한 이유가 뭘까요? 그건 바로 그 사람들이 그 지역사회에 소속감을 갖지 못했기 때문입니다. 비록 작은 땅덩어리일지라도 저는 학생들이 땅을 경작하면서 그곳이 자기 것이라고 느끼게 하고 싶었습니다."

반면에 태미 버드는 학생들이 사람의 생명을 유지시켜주는 식량을 스스로 재배하면서 생명의 소중함을 깨닫게 될 것이라고 믿었습니다. 땅을 일구고 생명을 기르며 그것으로 다른 사람을 먹이는 사람은 자신의 삶을 함부로 하지 않을 것이라는 밑도 끝도 없는 믿음을 갖고 있었던 거죠. 태미 버드의 이러한 믿음은 사실 인간과 식물이 각각의 시스템으로 독립된 것이 아니라 다 같은 생명 요소로서 긴밀하게 연결되어 있다는, 원예치료의 철학적 기초를 이루는 것입니다. 그런데 훗날 태미 버드는 자신이 원예치료에 대해서 알고 있었던 것이라고는 아무것도 없었다고 고백했습니다. 그래도 상관없습니다. 그러한 믿음은 우리 인간의 의식 깊숙이 잠재되어 있는 근원적인 것이니까요. 자연을 가꾸는 사람은 악한 마음을 가질 수가 없습니다. 태미 버드는 사랑의 마음 안에 내재한 '선(善)'을 끄집어내어 학생들에게 적용한 것뿐이지요.

1992년 9월, 버드는 학교 곳곳에 포스터를 붙였습니다.

'방과 후에 채소밭을 가꿀 지원자를 모집합니다.'

포스터를 본 학생들 거의 모두가 킬킬거렸습니다. 그래서 버드는 포스터에 이렇게 덧붙였습니다.

'참가 학생에게는 과학 점수 가산점을 줌.'

하지만 오히려 그 문구는 학생들 사이에 더 큰 비웃음거리가 되고 말았습니다.

결국 지원자는 채 열 명이 되지 않았습니다. 버드는 실망스러웠지만 학생들 앞에서는 내색하지 않았습니다. 하지만 그는 채소밭에 지원한 학생들이 얼마나 용감한 아이들인지 몰랐습니다. 버드의 '학교 농장'에 지원한다는 것은 학생들 사이에서는 '사회적으로 매장'될 각오를 해야 할 만큼 위험한 일이었으니까요.

1992년 10월 3일, 첫 작업이 시작되었습니다. 학생들은 버드와 맥멀린이 사비를 들여 구입한 농기구로 학교 건물 뒤편의 버려진 땅에 나뒹구는 쓰레기와 잡초를 제거했습니다. 매일 수업이 끝나면 건조해서 갈라진 땅에 삽질을 했고, 뒤엉킨 잡초를 뽑아서는 손수레 가득 실어다 버렸습니다. 그러는 사이 폐허와 같았던 땅이 서서히 모양을 갖추었습니다.

그렇게 2주일이 지난 뒤 학생들은 비로소 땅에 토마토와 호박, 고추 그리고 각종 약용식물의 씨앗을 뿌렸습니다. 그들은 쉬는 시간마다 밭으로 달려가서는 싹이 돋았는지 어떤지 애타게 살펴보았습니다. 그로부터 10일이 지난 어느 날, 멤버들 중의 한 명인 칼라 베세라가 교실 안으로 뛰어들며 소리를 질렀습니다.

"싹이 돋았어!"

학생들은 앞다투어 밭으로 달려갔습니다. 칼라의 말대로 씨앗을 뿌린 자리에는 파릇파릇한 새싹들이 돋아나 있었습니다. 학생들은 뭉클한 감동을 느꼈습니다. 라틴계인 칼라와 흑인인 제이널 그레이슨이 악수를 했습니다. 오랫동안 학교를 같이 다녔지만 두 사람이 스킨십을 나눈 것은 그때가 처음이었습니다.

시간이 지나면서 채소밭의 녹색이 점점 더 짙어졌습니다. 어느새 나비가 날아와 나풀거렸고, 새들도 날아와서 지저귀었습니다. 폐허였던 땅에 생명이 꿈틀거리고 있었습니다. 태미 버드와 학생들은 자신의 채소밭에 '협동 농장'이라는 이름을 붙였습니다.

태미 버드는 채소밭에서 일하는 학생들의 부모를 학교로 초대했습니다. 채소밭을 찾은 부모들은 학생들이 일구어놓은 작은 농장을 보고 감동에 젖었습니다. 그들은 아이들과 함께 소매를 걷어붙이고 함께 일을 했습니다. 오래지 않아 학생들의 형제들까지 채소밭으로 모여들었습니다. 채소밭은 이웃들이 친분을 나누는 '사랑방'이 되어가고 있었습니다.

하지만 크렌쇼 고등학교의 학생 사회에서 채소밭은 여전히 웃음거리였습니다.

"너도 그 채소밭에서 일한다고?"

학생들은 그렇게 말하며 협동 농장의 멤버들을 비웃고는 했습니다. 센 척하느라 거칠게 행동하는 학생들 사이에서 협동 농장의 아이들은 '초식동물'이나 마찬가지였습니다. 자신의 힘을 과시하려는 아이들은 곧잘 협동 농장의 멤버들에게 시비를 걸어오고는 했습니다. 하지만 채소밭의 아이들은 자신이 하고 있는 일의 중요성을 잘 알고 있었고 자신의 일을 부끄러워하지도 않았습니다. 아이들은 의연하게 대처했습니다. 그러자 시비를 걸어오던 학생들은 협동 농장의 아이들에게 점점 흥미를 잃었습니다.

마을과 학교의 삭막하고 낡은 건물들 사이에 있는 채소밭은 오아시스 같았습니다. 아이들은 채소밭의 푸름이 짙어질수록 더욱 열심히 밭일에 매달렸습니다. 그러는 사이 채소밭에 참가하는 학생의 수가 30명으로 늘어났습니다. 협동 농장의 창단 멤버들은 새로운 멤버가 들어

오면 그동안 익힌 지식과 경험을 나누어주었습니다.

*

1992년 12월 18일, 드디어 처음으로 채소를 수확했습니다. 태미 버드와 멜린다 맥멀린 그리고 협동 농장의 멤버들은 이 첫 번째 결실을 어떻게 할지 함께 의논한 끝에 학교에서 멀지 않은 곳에 있는 식품 은행으로 가져갔습니다. 식품 은행은 지역의 극빈자들에게 무료로 식품을 나누어주는 기관입니다. 제이널 그레이슨은 그때의 감격을 이렇게 표현했습니다.

"우리가 재배한 채소를 굶주린 사람들에게 나누어주면서 저는 진정한 크리스마스 정신을 체험했습니다."

그날 이후 버드와 맥멀린은 협동 농장을 통해 새로운 일을 시도하기로 계획을 세웠습니다. 두 사람은 자신들이 세운 계획을 협동 농장의 아이들에게 들려주었습니다.

"그동안 우리는 계획보다 더 잘해왔습니다. 이제 우리는 우리 농장을 통해 우리가 자립할 수 있는 기회를 가질까 해요."

계획은 이랬습니다. 그들이 재배한 채소 중 25퍼센트는 가난한 사람들에게 나누어주고, 나머지는 팔아서 학생들이 대학에 입학할 때 사용할 수 있도록 장학금을 조성하자는 것이었습니다.

1993년 4월의 첫 번째 토요일, '크렌쇼 협동 농장'이라고 적힌 티셔츠를 입은 여섯 명의 학생이 로스앤젤레스 교외의 부유층 지역인 산타모니카에 있는 농산물 시장으로 향했습니다. 노점을 차리자 다른 상인들이 호기심 어린 눈으로 그들을 바라보았습니다. 하지만 그것도 잠시뿐, 시장을 찾은 사람들은 학생들을 거들떠보지도 않고 지나쳤습니다. 학생들은 사람들에게 다가갈 용기를 내지 못한 채 머뭇거렸습니다. 그러던 중 가장 나이가 어린 벤 오스본이 지나가는 한 사람 앞으로 성큼 다가가더니 손에 든 채소를 불쑥 내밀었습니다.

"안녕하세요? 저는 벤 오스본입니다. 저희들은 대학 진학 자금을 마련하러 나온 크렌쇼 고등학교 학생들입니다. 여기에 가지고 나온 채소들은 모두 저희들이 직접 정성껏 기른 것들이에요."

어색한 분위기가 깨졌습니다. 비로소 손님들이 학생들의 노점으로 다가오기 시작했습니다. 아이들은 신이 났습니다. 파장 때는 남아 있는 채소가 하나도 없었습니다. 순이익만 300달러가 남았습니다.

출발은 매우 좋았습니다. 하지만 좀 더 많은 돈을 벌어야 했습니다. 버드와 맥멀린은 자신들의 돈 5,000달러를 투자했지만, 1993년 6월까지 학생들이 채소를 팔아서 벌어들인 돈은 600달러밖에 되지 않았습니다. 이 600달러마저 졸업생들끼리 나누어 가져야 했습니다. 대학에 진학하기 위해서는 더 큰돈을 벌어야 했습니다.

훗날 맥멀린은 이 무렵에 버드가 자신에게 이렇게 말했다고 회상했습니다.

"아이들은 지금까지 수없이 실망하고 좌절해왔습니다. 다시 한 번 아이들이 실망을 느끼게 될까 봐 두렵군요. 어디서 학자금을 마련해야 할지도 잘 모르겠고요. 하지만 대답은 우리의 채소밭에 있다고 확신합니다."

화요일의 정기 모임에서 맥멀린이 학생들에게 말했습니다.

"우리는 돈을 벌 수 있는 다른 방법을 찾아야 해."

여러 가지 궁리를 하던 중에 한 학생이 말했습니다.

"우리는 샐러드용 채소를 재배하고 있어요. 그러니 샐러드용 소스를 만드는 것이 어떨까요?"

칼라가 동의를 하자 여러 학생들이 찬성했습니다.

맥멀린은 이 일을 위해서 전문 인력과 창업 자금이 필요할 뿐만 아니라, 이 일에 전념할 사람이 필요하다고 생각했습니다. 그래서 그녀는 회사에 1년 동안의 휴가를 신청했습니다.

학생들이 과학실에서 약용 식물과 식용유, 식초를 가지고 실험을 하는 동안 맥멀린은 사설 공익 기관인 로스앤젤레스 재건센터를 찾아 갔습니다. 그곳에서 일하는 사람들은 맥멀린에게 샐러드용 소스 제조

회사인 스위트 아델레이드와 접촉할 수 있게 해주었습니다. 그리고 학생들이 이탈리아식 혼합 소스를 개발하자 스위트 아델레이드는 상업적 생산에 필요한 조제법을 만들어주었습니다.

이후 재건센터에서는 창업 자금을 융자해주었고, 유명 브랜드 번스타인 샐러드드레싱 회사의 창립자인 노리스 번스타인은 학생들이 만든 제품을 유통하는 데 도움을 주었으며, 사업의 마케팅 고문 역할도 해주었습니다.

학생들은 자신들이 만든 제품에 '협동 농장 직송 이탈리안 소스'라는 이름을 붙였습니다. 그리고 학생들은 슈퍼마켓과 식료품점 등을 돌아다니며 직접 판촉 활동을 벌이겠다고 나섰습니다. 그러자 맥멀린은 방송국의 대표로 있는 앨린 라너에게 도움을 요청했습니다. 앨린 라너는 학생들이 자신들의 제품을 소개할 수 있도록 프로그램에 출연시켜주겠다고 약속했을 뿐만 아니라, 전문적인 의사소통법에 대해서도 훈련을 시켜주었습니다.

그리고 오래지 않아 제이널은 여러 대의 방송용 카메라와 정장 차림의 남자들에 에워싸여 제품 소개를 했습니다. 처음에 제이널은 무척 떨었지만, 그동안 채소밭에서 배우고 느낀 점을 바탕으로 차근차근 이야기를 풀어나갔습니다. 다행히 캘리포니아 주 남부에서 가장 큰 식품 체인점인 본스의 수석 부사장 헤럴드 루드닉이 제이널이 출연한 프로그램을 보고 큰 감명을 받았고 학생들의 제품을 구매하겠다고 전화를 걸어왔습니다. 1994년 4월이 되었을 때, 크렌쇼 고등학교 학생들이 만든 소스는 유명 제품들과 경쟁할 수 있을 정도로 인기를 얻었고 매출액도 크게 증가했습니다.

1994년 9월, 협동 농장의 아이들은 영국의 찰스 왕세자가 로스앤젤레스에 온다는 소식을 알게 되었습니다. 찰스 왕세자는 농업과 젊은 이들이 하는 일에 관심이 많은 것으로 알려져 있었습니다. 아이들은 왕세자를 학교로 초청했습니다. 별 기대를 하지 않았지만, 찰스 왕세자는 학생들의 초대를 기쁘게 받아들였습니다.

그런데 왕세자의 방문이 3주 앞으로 다가온 어느 날, 학생들은 작업실 문을 열어 본 뒤 그대로 주저앉고 말았습니다. 유리창이 모두 깨져 있었고 전선도 뜯겨져 있었으며, 컴퓨터와 팩스, 프린터 등 돈이 될 만한 것은 모두 사라지고 없었습니다.

어떤 아이들은 울음을 터뜨렸습니다. 벤 오스본이 무거운 분위기를 깨뜨렸습니다.

"우리의 생명을 앗아가지 않는 한 우리는 더욱 강해질 거야. 우리는 전보다 더 훌륭하게 다시 일어설 거야."

협동 농장에 도난 사건이 발생했다는 소식이 전해지자 지역 주민들은 크게 분노했습니다. 그리고 곧 기적이 일어났습니다. 몇몇 기업이 장비를 다시 구입할 수 있도록 자금을 지원해주었고, 마을 주민들이 학교로 찾아와 도움을 주기도 했습니다. 도난 사건이 일어난 이튿

날 저녁, 협동 농장은 다시 사업을 시작할 수 있었습니다.

11월 1일 정오, 카를로스는 찰스 왕세자와 악수를 한 다음 교실과 교무실을 순방하는 왕세자를 수행했습니다. 그리고 학생들은 유난히 수줍음을 잘 타는 칼라에게 왕세자를 채소밭으로 안내하는 역할을 맡겼습니다. 작은 소녀가 확신에 찬 표정으로 자기들이 재배한 채소에 관해 설명하자 보도진들이 우르르 몰려들어 그녀의 모습을 카메라에 담았습니다.

왕세자는 채소밭에서 재배한 채소로 만든 샐러드에 학생들이 만든 소스를 뿌리고 채소밭에서 한가롭게 점심 식사를 했습니다. 왕세자는 음식을 남기지 않고 깨끗이 비웠습니다.

왕세자가 아이들에게 말했습니다.

"여러분의 채소밭은 정말 놀랍습니다."

1996년 6월, 카를로스는 졸업장을 받았습니다. 그의 어머니는 눈물을 글썽이며 태미 버드를 껴안고 말했습니다.

"우리 아이들을 바로잡아주셔서 감사합니다. 선생님은 학생들에게 열심히 하면 꿈을 이룰 수 있다는 것을 입증해주셨어요."

카를로스는 협동 농장에서 벌어들인 학자금으로 대학에 진학했고, 신문학을 전공했습니다. 이반 로페스는 동물학 분야의 학위를 따기 위해 공부를 시작했고, 칼라 베세라는 대학을 졸업하고 초등학교 교사가 될 꿈을 키웠습니다. 제이널 그레이슨은 CBS 방송국에서 학생 인턴으

로 일하며 방송인의 꿈을 키웠습니다.

1997년 한 해 동안 협동 농장의 학생들은 1만 상자의 샐러드용 소스를 팔았습니다. 학생들은 봉사 시간에 따라 3,000~12,000달러의 학비를 벌었습니다. 그리고 채소밭을 가꾸는 데 참여한 학생들 가운데 고등학교를 졸업하지 못하고 탈락한 학생은 단 한 명도 없었습니다.

"학생들은 희망의 씨앗을 뿌린 것입니다. 그 결과, 용기와 의지의 싹이 튼 것입니다. 채소밭에서 이렇게 좋은 것들이 자라날 것이라고 누가 상상이나 했겠습니까?"

태미 버드가 말했습니다.

이후 크렌쇼 고등학교의 협동 농장은 미국 교육 현장의 모범 사례가 되어 수많은 언론 매체에 소개되었고, 미국의 다른 주와 외국의 교육 전문가들이 찾아와 배우고 가는 단골 연수 코스가 되었습니다.

크렌쇼 고등학교의 협동 농장은 그곳에서 일을 한 학생들의 삶만 바꾸어놓은 것이 아니었습니다. 그 지역은 여전히 슬럼가에서 벗어나지 못했지만, 다른 지역에 비해 범죄 발생률이 현저히 낮아졌고, 주민들 간의 소통과 유대가 확대되면서 점차 안전한 곳으로 변해갔습니다. 재미있는 사실은 갱단에 속한 아이들도 협동 농장의 멤버만큼은 건드리지 않는다는 것이었습니다. 갱단의 일원인 학생들은 협동 농장에서 일하는 것을 약해빠진 녀석들이나 하는 짓이라고 비웃으면서도 농장의 친구들이 자신들을 대신해 무언가 의미 있는 일을 하고 있다는 사실을 인정했던 거죠. 크렌쇼 고등학교의 그 작은 채소밭에서 아이들은 기적을 일구었던 겁니다.

하나의 작은 공동정원이, 지역 주민이 참여하여 가꾸는 채소밭이 지역사회를 변화시킨 사례는 숱하게 보고되었고, 지금도 계속 보고되고 있습니다. 나 역시 지역 주민들과 공동체 정원을 가꾸면서 그와 같은 작은 기적을 경험한 일이 있습니다.

때는 2005년이었습니다. 늦겨울의 꽃샘추위가 만만치 않던 어느 날 인천의 한 공공기관에서 전화가 걸려왔습니다. 지은 지 오래된 아파트 단지의 주민들을 대상으로 제가 해줄 수 있는 일에 대한 문의가 들어왔습니다. 그때까지 저는 개인이나 소규모 그룹만을 대상으로 하는 원예치료 프로그램을 진행해왔습니다. 한 마을의 주민들을 대상으로 하는 일은 저에게도 생소한 것이었습니다. 하지만 그들이 필요로 한다면 해야죠. 그리고 한편으로는 대규모 그룹을 대상으로 한 학문적인 연구 샘플을 얻을 수 있겠다는 얄팍한 계산도 없지 않았습니다. 그래서 일단 하겠다고 마음을 먹고, 전화를 걸어온 이에게 왜 아파트 단지의 주민들이 저를 필요로 할 것이라고 생각했는지 되물었습니다.

"아파트 단지가 전체적으로 슬럼화가 진행되고 있습니다. 쓰레기

무단 투기는 기본이고 볼썽사나운 낙서가 온 벽을 뒤덮고 있어요. 빈집이 없는데도 낮에 가면 을씨년스럽습니다. 주변에 상가도 제법 있고 주택들도 밀집해 있는데 그 아파트만 외딴 섬 같아요. 그러다 보니 청소년들이 어른들의 눈을 피해 비행을 일삼는 아지트가 돼버렸습니다. 인근 주민들의 민원이 끊이질 않습니다. 그래서 교수님께서 주민들과 함께 아파트 단지를 좀 그럴싸하게 꾸미는 조경 작업을 진행해주시면 어떨까 하고……."

웃음이 터졌습니다. 제게 전화를 걸었던 그분은 제가 하는 일을 잘못 이해하고 있었습니다. 한바탕 웃어버렸더니 송수화기 너머의 목소리가 쑥 기어들어갔습니다.

"역시 힘드신 거죠?"

그 말의 숨은 의미를 파악하건대, 아마도 저에게 전화를 걸기 전에 여러 사람에게 문의를 했다가 퇴짜를 맞은 듯했습니다.

"그러니까 그 아파트 단지가 지금보다 보기 좋고 따뜻한 곳으로 바뀌었으면 하시는 거죠? 그럼 할게요. 세부 계획은 일단 그곳을 둘러보고 난 뒤에 보내드리겠습니다. 주소를 말씀해주세요."

며칠 뒤 그곳을 둘러보았습니다. 지은 지 꽤 오래된 낡은 5층짜리 아파트가 밀집해 있는 단지였습니다. 단지 주변의 가게에 들러 물어보았더니, 재개발 대상이 된 지 꽤 되었는데 여러 가지 상황이 맞물려 아직 시행이 되지 않고 있다고 했습니다. 그리고 입주자 대부분이 임대로 살고 있어서 주민들은 재개발을 반기지 않는다고 하더군요.

전화를 걸었던 이의 말처럼 아파트 단지는 을씨년스러웠습니다. 입구로 들어설 때부터 경비원의 매서운 눈초리를 받았습니다. 구청 직원과 동행하지 않았다면 그대로 쫓겨났을지도 모릅니다. 아파트 벽면은 지저분한 그림들로 얼룩져 있었고, 규격 봉투가 아닌 비닐봉지에 담긴 쓰레기가 함부로 흩어져 있었습니다. 경비원 아저씨의 말로는 음식 쓰레기를 베란다나 창문을 통해 바깥으로 내던지는 일도 종종 있다고 했습니다. 이처럼 단지 환경이 비위생적으로 변하다 보니 주민들은 집에 틀어박혀 바깥출입을 거의 하지 않게 된 듯했습니다. 그래서 한낮인데도 아파트는 마치 철거를 앞둔 건물처럼 을씨년스러웠습니다. 지저분한 바닥 위에서 녹슨 스카이 콩콩을 타고 있는 두 아이가 애처로워 보였습니다.

한 가지 다행인 것은 단지 내에 노는 땅이 제법 있다는 사실이었습니다. 한때 화단이었을 그곳에는 이제 쓰레기가 켜켜이 쌓여 있거나 몰래 내다버린 가구와 못 쓰는 가전제품들이 놓여 있었습니다. 쓰레기의 강한 독성 때문인지 잡초조차 자라지 않는 듯했습니다.

'여기서 무얼 할 수 있을까?'

현장을 둘러본 뒤에야 내가 이 일을 너무 만만하게 생각했다는 사실을 깨달았습니다. 낙담한 표정을 짓고 있으려니 동행한 구청 직원이 안절부절못하면서 내 표정을 살폈습니다.

"교수님, 상황이 많이 안 좋죠? 사실 예산도 많이 부족합니다. 그래서 하겠다는 분이 없었습니다. 어떤 분은 하겠다고 했다가 현장을 둘러보고 예산을 듣고는 포기하셨습니다."

조금 전에 보았던 두 아이가 스카이 콩콩을 타면서 내는 삐걱대는 소리가 일정한 간격을 두고 귓가에 들려왔습니다. 또래의 친구들이 모두 유치원에 갔을 시간에 그 아이들은 지저분한 아스팔트 위에서 시간을 보내고 있었습니다. 가슴이 먹먹해지면서 이게 내가 해야 할 일이라는 생각이 점점 분명해졌습니다.

"할게요. 그 전에 농기구를 마련해주시고 쓰레기를 치우는 데 드는 비용도 준비해주세요. 일주일에 한 번 사람들이 모일 수 있는 공간도 필요해요, 세부적인 계획이 잡히면 묘종과 씨앗도 구입해주세요."

"당연히 지원해드려야죠. 수업은 복지관에서 하시면 됩니다."

우리의 작업은 그렇게 시작되었습니다. 그때까지만 해도 아파트 주민들과 내가 무엇을 할 수 있을지 아무것도 장담할 수 없었습니다. 다만 이런 믿음은 있었습니다. 올해에 우리가 저 버려진 땅에서 꽃 한 송이를 피울 수 있다면, 이듬해에 그 꽃 한 송이는 제 스스로 더 많은 꽃을 피우게 될 거라고……. 내가 해야 할 일은 단지 꽃 한 송이를 돌보는 것뿐이라고…….

다만 행복했을 뿐입니다

2005년 3월 22일 오전에 아파트 주민들과 처음으로 만났습니다. 약속 시간보다 조금 일찍 도착한 나는 아파트 단지 내부를 둘러보았습니다. 주민들에게 홍보하는 일을 구청 직원 분께 맡겼는데, 임무를 잘 수행했는지 어떤지 알고 싶었거든요. 아파트 각 동의 출입구에 있는 게시판에 우리의 프로그램을 소개하는 포스터가 아주 잘 붙어 있었습니다. 그리고 내가 아파트를 둘러보는 동안에 안내 방송도 나오고 있었지요. 그만하면 합격이었습니다.

우리가 함께할 프로그램의 명칭은 '공동체 정원 가꾸기'였습니다. 앞으로 4개월 동안 거의 일주일에 한 번, 두 시간씩 모두 16회에 걸쳐 진행될 예정이었습니다. 조금 더 일찍 결과를 보고 싶은 구청 관계자들은 제게 시간을 앞당겨줄 수 없느냐고 주문했습니다. 그들은 아파트 단지에 있는 쓰레기를 치우고 화단에 이미 다 자란 꽃과 나무를 옮겨 심는 것을 구상하고 있었거든요. 하지만 그것은 조경일 뿐이라고 단호히 이야기했습니다. 저는 정원활동을 통해 아파트 공동체가 변화하기를 원한다는 의사를 분명히 했습니다. 시간은 걸리지만 그렇게 하는 것이 예산을 절감하는 방법이라고 귀띔해주었죠. 그제야 구청 관계자는 "그럼 교수님 뜻대로 하십시오"라고 하며 제 생각에 동의해주었습니다.

복지관으로 들어섰습니다. 모두 열 명의 주민이 저를 기다리고 있었습니다. 연세 지긋한 어르신이 여섯 분, 50대 중반으로 보이는 부인이 두 분, 40대 중반으로 보이는 부인이 두 분이었습니다.

먼저 구청 직원이 저에 대해 소개를 하고 난 뒤에 드디어 주민들 앞에 섰습니다. 주민들에게 먼저 식물을 길러본 적이 있느냐고 물었습니다. 열 명 모두가 집에서 화분에 식물을 기르고 있다고 답했습니다. 그리고 어르신들 모두가 시골에서 농사를 짓거나 텃밭을 가꾼 경험이 있다고 했습니다.

"첫 시간에 여기 모인 여러분 모두는 우리가 만들어나갈 공동체 정원의 리더입니다. 앞으로 해나갈 모든 작업에서 여기 계신 분들이 앞장서서 구성원들을 이끌어주시기를 기대합니다. 저는 이곳에 더 많은 분들이 참여했으면 좋겠습니다. 일손이 많은 것도 중요하지만, 더 많은 분들이 참여해야 우리가 진행할 프로그램의 의미가 더욱 커질 테니까요."

솔직히 욕심 같아서는 한 100명쯤 참여했으면 싶었습니다. 아파트 단지의 세대가 200세대를 넘으니까 한 집 건너 한 집에서는 참여했으면 했던 거죠. 물론 그것은 욕심입니다. 그래도 다음번에는 오늘보다 더 많은 분들이 참여하기를 바랐습니다.

"다음번에는 남자분도 있었으면 좋겠어요. 화단에 쌓인 쓰레기를 치우려면 아무래도 우리끼리는 힘이 부칠 테니까요."

그러자 한 할머니께서 혀를 찼습니다.

"에고, 그걸 우리가 다 치워요?"

나는 구청 직원께 윙크를 해 보이며 말했습니다.

"구청 청소과에서 도와주실 거예요."

그 다음 주에 우리는 아파트 단지 내에 산재해 있는 쓰레기를 치웠습니다. 구청 청소과 직원들이 나와서 도와주었고, 아낙네들이 땀 흘리는 것을 뒷짐 지고 구경만 할 수 없었던 남성 어르신들도 거들어주었습니다. 빈 차로 왔던 청소차가 가득 차서 돌아갔고, 재활용품을 실어 나르는 트럭이 두 번 오갔습니다. 약속된 두 시간이 모자라 오후에야 모든 작업이 끝났습니다. 오랜만에 단지 내에 사람 목소리가 들리고 여러 사람이 부산하게 움직이는 것이 궁금했던지 집 안에 틀어박혀 있던 주민들이 바깥으로 나와서 작업을 구경했습니다. 그리고 어른들의 타박을 들으면서도 아이들이 주변에서 뛰놀았습니다.

한 할머니께서 말씀하셨습니다.

"오랜만에 사람 사는 동네 같네."

아, 시작이 좋았습니다. 이런 모습이야말로 제가 바라던 것이었습니다.

세 번째 시간에는 두 명이 더 늘어 모두 열두 명으로 시작했습니다. 그날 우리는 아파트 단지의 어디에 무엇을 심을지 계획을 세웠습니다.

어르신들은 대부분 식용 가능한 채소를 심자고 제안했습니다. 이왕 땀 흘리면서 일하는 것, 나중에 식탁에 반찬으로 올릴 수 있는 식물을 심는 게 좋지 않겠느냐는 의견이었죠.

아동들을 대상으로 정원활동을 해보면 아이들은 채소보다는 꽃을 더 좋아한다는 사실을 알 수 있습니다. 반면에 어른들은 거의 열이면 열 모두 채소를 심자고 제안합니다. 아이들은 생명을 기르는 행위 그 자체에 의미를 두는 반면, 어른들은 자신의 노동이 어떤 대가가 되어 돌아오는 것에 무게를 두기 때문입니다. 때문에 어른들의 경우에 채소를 심는 것은 정원활동이 갖는 본래의 의미를 느끼지 못할 수도 있습

166

니다. 하나의 생명을 양육하고 그 생명이 자라는 것을 지켜보기보다는 무언가를 '획득'하겠다는 생각이 앞서게 되면, 식물과 인간 사이에 존재해야 할 수평적 관계가 형성되지 않기 때문입니다.

더군다나 아파트 주민들과 제가 함께 이루어야 할 목표는 환경을 개선하는 일입니다. 그동안 쓰레기로 넘쳐나던 공간을 주민 스스로 아름답게 꾸며서 그 공간이 '내 것'이라는 인식을 갖게 하는 것이 이번 프로젝트에서 기대하는 것이었습니다. 그래서 나는 채소보다는 꽃을 심는 것이 좋겠다고 생각하고 어르신들을 설득했습니다. 물론 쉽지는 않았습니다. 이 프로그램에 참여할 때부터 아파트 단지의 땅 한 뙈기를 분양받아서 가족들 먹일 채소를 키우고 수확할 꿈에 부풀어 있었던 어르신들은 역정을 내기도 했습니다. 그분들로서는 가족의 식탁을 일부분 책임짐으로써 집 안에서 일정한 역할을 할 수 있을 것이라고 기대했을 테니까요. 하지만 저도 고집이라면 누구한테도 지지 않는 사람입니다.

"상상해보세요. 형형색색의 아름다운 꽃들이 아파트 단지에 피어 있는 모습을요. 나비가 찾아오고 벌이 찾아오는 아름다운 화단을요. 우리가 화단을 아름답게 가꾸면 더 이상 사람들이 그곳에 쓰레기를 버리지 않을 거예요. 그러면 이 아파트가 한층 살기 좋은 곳으로 변하지 않을까요?"

저의 설득이 먹힌 건지, 멀리서 매주 찾아와주는 것이 고마워서 그랬는지 어르신들도 꽃을 심자는 제 의견에 결국 동의해주었습니다.

화단에 무엇을 심을지 계획을 세운 뒤에 저는 그분들에게 숙제를 주었습니다. 화단에 심을 꽃씨를 직접 구입하도록 한 것이지요. 종묘사에 갈 때는 젊은 분들끼리만 가지 말고 가급적 나이 드신 분들도 함께 가라고 일렀습니다. 그리고 강낭콩도 구입하도록 했습니다. 강낭콩은 우리의 프로젝트에 참여하지 않는 이웃들에게 나누어주어서 집집마다 길렀으면 좋겠다는 뜻도 전했습니다. 이미 성체(成體)가 되어 화분에 옮겨진 식물에서 발견할 수 없는 생명의 신비로움을 아파트 주민 모두가 강낭콩을 기르면서 함께 느끼도록 하기 위해서였습니다. 물론 어떤 집에서는 강낭콩 기르는 것을 귀찮아할 테지만, 그런 식으로 우리의 공동체 정원 가꾸기 프로그램에 참여하는 가정이 조금이라도 늘어날 수 있다면 이번 프로그램은 더욱 성공적으로 마무리될 수 있을 것이라고 생각했습니다.

네 번째 시간에는 남성 어르신 두 분이 새로운 멤버로 참여했습니다. 아무래도 흙을 갈아엎고 파종을 할 때는 남자의 도움이 필요하다고 생각한 구성원들이 새로이 영입한 분들이었습니다.

그날 우리는 꽃을 심을 땅에 퇴비를 가득 뿌리고 흙을 뒤섞었습니다. 돌도 골라내고 씨앗을 뿌리기 좋도록 이랑도 만들었습니다. 한창 일을 하고 있을 때 멀찍이 서서 우리를 지켜보던 남성 어르신 몇 분이 "이랑을 팔 땐 그렇게 하면 안 돼"라고 참견을 하면서 일손이 더 늘어 났습니다. 어르신들 몇 분은 소싯적 농부로서의 이력을 자랑하며 서로 자기 방식이 맞다고 티격태격하기도 했습니다. 그러는 사이에 학교에 서 돌아온 꼬마들이 어른들 하는 모양을 지켜보고 서 있기도 했습니다. 반듯하게 가꾼 밭에 가지런히 씨를 뿌릴 때는 다들 참 신중했습니다. 할머니 몇 분이 기어이 고집을 부리셔서 밭 한 모퉁이에 상추와 고 추, 파 등을 심기도 했습니다. 아파트 단지 내의 화단 전체를 가꾸기에 두 시간은 턱없이 부족해서 나머지는 주민들에게 맡겼습니다.

그날 일을 끝마친 뒤에 저는 다시 숙제를 냈습니다.

"제가 없는 일주일 동안에 어쩌면 싹이 자랄지도 모릅니다. 그러면 그걸 사진으로 찍어서 저장해두세요. 요즘엔 휴대폰으로도 사진이 잘 찍히니까, 크게 힘들지 않을 거예요. 나중에 그 사진 기록들을 모아서 발표를 할 생각입니다."

그러고 나서 조를 짜주었습니다. 그럴 때면 마음 맞는 사람들끼리 뭉치고 싶어 하는 이기심이 발동하기 마련입니다. 그래서 나이대별로 구분을 한 뒤에 공평하게 제비뽑기를 해서 조를 짰습니다.

파종이 조금 늦었던 탓에 5월 초에야 새싹이 땅 위로 고개를 내밀 었습니다. 저는 그 소식을 전화 연락을 받고 알게 되었습니다. 그것도 한두 사람이 아니라 여러 사람에게 연락을 받았습니다. 다들 새싹 때문에 마음이 들떠 있었습니다.

일주일 만에 아파트로 찾아가면 주민들은 그동안 있었던 일들을 미주알고주알 전해주었습니다. 어떤 집 아줌마가 화단 근처에 쓰레기를 버리다가 걸려서 혼이 났다는 이야기, 거름을 준답시고 음식물 찌꺼기를 화단에 잔뜩 뿌린 새댁이 자기는 아무런 잘못이 없다며 뻔뻔하게 굴더라는 이야기…… . 예전 같았으면 주민들 모두 암묵적으로 행해온 그러한 일들이 이제는 분명히 잘못된 일로 인식되고 있었습니다. 그리고 누구네 집 강낭콩은 잘 자라는데, 자기 집 강낭콩은 영 시원찮다는 이야기도 들려주었습니다.

꽃잎이 나고 채소들이 영글기를 기다리는 동안 주민들과 함께 원예에 대해서 공부를 하고 접시 정원을 만들기도 했습니다. 접시 정원이란 큼지막한 접시에 돌과 흙을 깔고 거기에 조그마한 식물들을 심은 뒤 이끼를 깔아서 예쁘게 장식하는 것입니다. 말 그대로 미니어처 정원입니다. 하지만 잘 돌보면 접시 정원의 식물들도 아주 오랫동안 생명을 유지합니다. 수경식물을 재배하는 방법에 대해서도 공부했습니다. 흙이 아니라 물에 뿌리를 내리는 수경식물은 주민들이 자주 접할수 있는 것이 아니어서 모두들 무척 재미있어 했습니다.

171

6월 중순이 되었을 때 아파트 단지의 꽃들이 만개했습니다. 점점 뜨거워지는 태양 아래에서 형형색색의 꽃들이 제 모습을 뽐냈습니다. 화단 근처에서 어르신들이 돗자리를 깐 채 부채질을 하고 있고, 그 곁에서 아이들이 놀고 있었습니다. 아파트의 주차 공간이 협소하여 오후에는 차들로 꽉 메워지고 화단도 차에 가려 보이지 않을 테지만, 그래도 아파트 건물에서 내려다보면 아파트 단지를 포근하게 감싸고 있는 꽃들을 볼 수 있었습니다.

처음 이 아파트에 왔을 때가 떠올랐습니다. 화단에 꽃과 식물을 심은 뒤로 쓰레기를 무단으로 버리는 집은 더 이상 나타나지 않았습니다. 벽을 더럽혔던 볼썽사나운 낙서들도 말끔하게 지워져 있었습니다. 간간이 찾아와 아파트의 변화를 사진으로 담아온 구청 직원도 무척 놀라워했습니다. 그런데 저와 이야기를 나누던 중에 그는 약간 쓸쓸한 표정으로 말했습니다.

"참 안타깝네요. 이제 재개발이 시작되면 화단도 전부 사라지고 말 텐데……."

그제야 아파트 주민들 대부분이 임대 거주자라고 했던 슈퍼마켓 주인의 말이 떠올랐습니다. 저는 그동안 그런 사실을 까맣게 잊고 있었습니다.

갑자기 가슴속에서 뜨거운 것이 올라왔습니다. 그동안 공동체 정원 가꾸기 프로그램에 참여한 주민들의 숫자는 점점 불어나 꽃이 만개한 시점에는 모두 스물다섯 명 정도가 되었습니다. 처음부터 시작했든 뒤늦게 참여했든 모두들 열성적으로 프로그램에 임했고, 정식 멤버가 아닌 주민들도 일손이 필요할 때는 소매를 걷어붙이고 나서서 거들어주었습니다. 아파트 주민들 대부분은 '자기 것'이라고 할 수 없는 땅을, 그것도 곧 헐려서 사라질지도 모를 화단을 그토록 정성껏 가꾸어온 것입니다. 도대체 그분들은 왜 그랬을까요?

하지만 끝끝내 그분들에게 그 물음을 묻지 못했습니다. 괜스레 그런 사실을 상기시키는 것이 두려웠습니다. 그리고 왠지 그 물음을 던지고 나면 무척 슬퍼질 것만 같았습니다.

우리는 7월 초순에 화단의 꽃들 중 일부를 잘라냈습니다. 그 빈 자리에는 다른 꽃씨를 뿌렸습니다. 그리고 잘라낸 꽃들로는 꽃꽂이를 하고 코르사주를 만들었습니다. 할머니들은 코르사주에 특히 관심이 많아서 옷에 서너 개를 주렁주렁 달고 다녔습니다.

그리고 마지막 시간, 우리는 화단 주변에 모여 '공동체 정원 파티'를 열었습니다. 주민들이 손수 준비한 음식들로 풍성한 파티가 되었습니다. 그날은 그동안 공동체 정원 가꾸기를 하며 느낀 점들을 서로 나누고, 제가 준비한 설문지를 작성하는 시간을 가졌습니다. 주민들이 작성한 설문지는 이후 원예치료 공부를 해나가는 데 있어 훌륭한 자료가 되어줄 것들이었습니다.

주민들이 설문지를 제대로 작성했는지 어떤지 살펴보던 저는 가슴이 뭉클해졌습니다. 공동체 정원을 만들면서 무엇이 가장 좋았느냐는 질문에 삐뚤빼뚤하고 맞춤법도 맞지 않는 글씨로 그분들은 이렇게 대답을 해주었습니다.

웃으며 말할 수 있는 것이 좋았다. 서로 사랑할 수 있는 것이 좋았다. 같이 의논한 것이 좋았다.

강낭콩을 통해서 이웃에 웃음을 주고 서로 의논한 것이 좋았다. 컴퓨터로 사진도 찍어주고 정말 재미있었다.

나이와 관계없이 원예로 인해서 서로 돕고 친해진 것이 좋았다.

시간을 허락해준 우리 가족들. 많이 배우고 오라고 격려해준 것이 고마웠다.

꽃 가꾸기를 하면서 사랑을 알고, 나를 사랑해야 남을 사랑할 수 있다는 것과 젊은 친구들을 사귀게 되어 좋았습니다.

삶의 보람을 느꼈습니다.

언제 또 할 수 있을까요? 감사했습니다.

즐거웠던 일이 끝나가는 게 아쉽다.

그러다가 다음 대답에서 나는 그만 눈시울이 붉어지고 말았습니다.

내가 무언가를 하고 있다는 것이 좋았다.

아파트에 틀어박힌 채 이웃과 교감도 나누지 못하며 박제 같은 시간 속에 머물러 있던 한 할머니가 쓰신 글이었습니다. 할머니는 화단을 가꾸고 꽃을 돌보면서 자기 안에 숨어 있던 생명력을 다시 한 번 발견하고 기뻐한 것이었습니다.

처음 이 일을 시작하면서 나는 이렇게 생각했습니다.

'올해 우리가 저 버려진 땅에서 꽃 한 송이를 피울 수 있다면, 이듬해에 그 꽃 한 송이는 스스로 더 많은 꽃을 피우게 될 거야.'

맞았습니다. 정말로 그랬습니다. 제가 만났던 인천 아파트의 주민 한 분, 한 분이 바로 버려진 땅에서 피어난 꽃 한 송이였습니다. 그리고 그 꽃송이들은 이미 스스로 더 많은 꽃을 피워내고 있었습니다.

175

작은 정원에 식물 기르기
2. 래디시

래 디 시 는

'Part 1'에서 잠깐 소개한 것처럼, 래디시는 20일 무라고 불리기도 하고, 또 적환무라고 불리기도 하는 뿌리채소입니다. 적정한 환경에서는 20일 만에 채소를 수확할 수 있습니다. 몸통이 붉은색 을 띠기 때문에 빨간 무라고 부르기도 합니다.

서늘한 기후에서 잘 자라기 때문에 한여름보다는 주로 봄과 가을에 심습니다. 색감이 좋아서 서양에서는 샐러드용으로 자주 애용합니다. 우리나라에서는 물 김치를 담그기도 하죠. 아삭거리는 식감이 좋아서 그냥 먹기에도 적당합니다.

래 디 시 씨 앗 구 입 방 법

우선 씨앗을 구해야겠죠?
우리나라 사람들에게는 조금 생소한 식물이어서 씨앗 구하기가 힘들 것 같지만, '래디시 씨앗'이 라고 검색을 하면 판매하는 곳이 제법 있습니다.

12그램 정도 포장한 것이 2,000원가량입니다.

씨앗의 생김새만 보아서는 나중에 붉은 몸통에 풍성한 줄기를 가진 래디시를 상상하기 힘듭니다.

래디시 기르기 1 : 파종

래디시는 보통 4월에 파종을 해서 5월에 수확을 하거나, 8월 말부터 9월 중에 파종해서 10월과 11월 초에 수확을 합니다. 날씨가 선선한 때에 파종을 하면 더워지거나 추워지기 전에 수확을 할 수 있다는 말이죠.

집 주변에 래디시를 기를 텃밭이 있거나 화단이 있다면 더없이 좋겠지만, 도시에 살면서 그런 여유 공간을 확보하는 게 쉽지 않죠. 이럴 때는 조금 큰 화분을 준비하거나 네모나고 긴 나무 화분을 구해서 기르는 것도 괜찮습니다.

사진에서 보는 것처럼 작은 고랑을 파고 거기에 씨앗을 일정한 간격(4센티미터)을 두고 뿌린 뒤 흙을 덮고 물을 듬뿍 뿌려주면 됩니다. 간단하죠?

래디시 기르기 2 : 발아와 성장

파종하고 3~4일이 지나면 얕게 묻힌 씨앗들은 흙 밖으로 싹을 내밀고 늦어도 일주일 정도 지나면 완전히 발아합니다. 그로부터 10일 정도 지나

면 한 알의 씨앗에서 본잎이 두세 장 정도가 자라납니다. 이때가 되면 흙 속에 서는 뿌리가 단단하게 여물어지면서 조금씩 뿌리채소의 모습을 갖춥니다.

래 디 시 기 르 기 3 : 솎 아 내 기 와 수 확

흙 밖으로 나온 줄기가 자라고 잎이 무성해지면 다른 것에 비해 더 자란 것이나 덜 자란 것은 솎아내서 래디시 포기마다 간격이 여유가 있게 해 주어야 합니다. 너무 촘촘하게 자라면 래디시의 뿌리가 길쭉해져서 모양이 예쁘지 않거든요. 솎아내기를 하면서 수확한 것들 중에도 식재료로 쓸 수 있는 것이 있습니다.

대체로 파종한 지 3~4주 정도면 수확 가능합니다. 래디시의 경우, 너무 자라 면 뿌리가 갈라지고 질겨지기 때문에 흙 밖으로 나온 잎의 크기를 봐가면서 조금 이르다 싶을 때 수확하는 것이 좋습니다.

조 금 낯 설 지 만 훌 륭 한 식 재 료

수확한 래디시는 깨끗하게 씻어서 다른 채소들 과 섞어서 샐러드를 만들어도 좋고, 생으로 먹어 도 좋습니다. 또 식감이 좋기 때문에 다른 음식에 곁들여 먹어도 좋습니다. 양이 조금 많다 싶으면 물김치를 담가도 아주 좋아요. 래디시의 붉은색이 국물에 배어나와 먹음직스

럽거든요.

강낭콩과 달리 래디시는 직접 먹기 위해 기르는 경우가 많습니다. 내가 직접 기른 채소를 식탁에 올릴 때는 자연이 주는 풍요로움과 생명을 향한 감사함으로 마음이 풍성해질 것입니다.

Part 3

식물의 위로

생명은 무엇이든
살아가기 위해 애쓰고 있다

그새 M 군을 잊진 않으셨죠? 처음에 '희망은 인간을 속이는 나쁜 것'이라고 썼다가 식물을 키우기 시작한 몇 달 뒤에는 희망에 대해 '가능성, 확률 등의 말로 우리 세상 곳곳에 있는 것'이라고 고쳐 썼던 고등학생 1학년 친구 말이에요.

M 군은 참으로 성실한 참여자였습니다. 식물의 탄생을 지켜보고 성장의 시간을 함께하면서 M 군은 식물 기르기에 점점 더 빠져들었습니다. 약속된 시간이 아니라도 M 군은 홀로 텃밭으로 가서 잡초를 뽑고 물을 주고, 혹시라도 쓰러지거나 벌레 먹은 식물이 없는지 잘 보살폈습니다. 그 당시 M 군은 혼자 텃밭으로 향하면서 어떤 생각을 했을

까요? 텃밭에서 땀을 흘린 뒤 집으로 돌아가기 직전, 텃밭을 바라보는 M 군의 마음에는 어떤 감정이 깃들었을까요? 그리고 어둑어둑해지는 저녁에 집을 향해 걸어가는 동안 어떤 마음을 품었을까요?

어린 M 군이 텃밭으로, 집으로 혼자 길을 걸어가는 모습을 상상하면 지금도 가슴이 뭉클해지고는 합니다. 어쩌면 M 군에게 텃밭은 '이상 공간'이었을지도 모릅니다. 하루 종일 있어도 강요를 당하거나 억압을 느끼지 않는 곳이었고, 또한 갖가지 생명들이 손길을 기다리고 있는, 자신의 역할이 너무나도 분명한 곳이었으니까요. 반면에 학교와 집은 '현실 공간'이었을 거예요. 상처받을지도 모르고 누군가에게 상처를 줄지도 모르는…….

그래서 텃밭에서 현실 공간으로 돌아가는 그 길이 불안하고 두려웠을까요? 물론 그렇기도 했겠죠. 하지만 그것만은 아니었을 거예요. 마음 한 곳에 불안과 두려움과 걱정이 새록새록 고개를 들기도 했을 테지만, 스스로 선택한 고독 속에서 M 군은 분명 많이 느끼고 깊이 생각하면서 마음속에 자라나는 무언가를 어렴풋이 깨달았습니다.

그 무렵 M 군은 평가지에 이렇게 썼습니다.

생명을 갖고 있는 모든 것은 '사랑'이란 감정을 안다. 서로 소중히 아껴주고 따뜻한 마음으로 바라봐주는 것을 할 줄 안다. 그리고 사랑을 받기 위해서는 먼저 사랑을 주어야 한다는 것도 배웠다. 수확의 기쁨, 잡초의 강인한 생명력, 놀라운 자연의 힘(법칙)을 통해서 알게 되었다.

그랬습니다. M 군은 사랑이 생명의 숙명임을 깨달았습니다. 그리고 이러한 사실을 깨달은 그는 한때 자신에게 상처를 주었던 사람들 역시 사랑을 바라는 하나의 가냘픈 생명이라는 점을 알게 되었습니다. 그것을 깨달은 M 군에게 집이나 학교는 더 이상 두려운 곳만은 아니었을 겁니다.

처음 우리 원예치료연구소에 왔을 때 M 군은 무척 뾰족한 아이였습니다. 집안의 경제 사정이 어려워지면서 돈 때문에 어른들이 험하게 다투는 꼴을 자주 보아야 했습니다. 게다가 학원을 운영하는 부모님은 학원 원장 자녀가 공부를 못하면 창피하지 않겠느냐며 M 군이 어릴 때부터 항상 모범생이 되어줄 것을 강조했습니다. 그러다가 사춘기에 이르렀을 때 M 군은 기어이 폭발하고 만 것이죠. 사람들을 향해 곧잘 웃어 보이던 스마일맨 M 군은 갑자기 웃음을 잃어버렸고, 문제아가 되었습니다. 부모와는 말도 섞지 않으려고 했습니다. 돈 때문에 부모와 갈등을 벌였던 집안 어른들에게 저주를 퍼부었습니다. 당연히 공부를 등한시했고, 마치 작정이나 한 듯이 점점 더 엇나갔습니다.

하지만 한 가지 알아야 할 것이 있습니다. 어른들이 보았을 때 고개를 가로젓게 만들었던 그 모든 행동과 말들이 사실은 M 군이 살아남기 위해 취한 불가피한 선택이었다는 점을 말입니다. 그렇게라도 하지 않으면, 욕설을 퍼붓고 반항하고 누군가를 증오하지 않으면 도저히 견딜 수 없었기에 M 군은 그렇게 해야만 했던 것입니다.

❧

어느 날, 친구가 난이 담긴 화분을 선물해주었습니다. 꽃집에서는 선물용이라는 것을 알고는 화분 주위를 녹색 망사 천으로 장식하고 이름표와 축하 메시지도 달아주었습니다. 난은 봄과 여름 내내 우리 집 마당에서 무럭무럭 잘 자랐습니다. 오래지 않아 화분이 벅찰 만큼 잎이 무성해졌습니다.

짧은 가을이 지나고 성큼 겨울이 다가왔습니다. 난은 추위에 약하기 때문에 화분을 통째로 집 안으로 옮겼습니다. 그 사이에 화분에 꽂혀 있던 이름표와 축하 메시지는 어디론가 사라지고 없었지만 화분을 감싸고 있는 망은 여전히 남아 있었습니다. 나는 망이 살짝 열린 부분을 앞으로 해서 화분을 벽 앞에 세워두었습니다. 그리고 겨울 내내 난은 우리 집 거실에서 지냈습니다.

다시 봄이 되어 화분을 마당으로 옮길 때였습니다. 무성한 잎에 가려져 있어서 겨우내 보이지 않았던 뒷부분으로 시선을 던진 나는 그 자리에서 꼼짝할 수 없었습니다. 화분을 감싸고 있는 망사 천을 뚫고 다섯 개의 새 잎이 자라나 있었던 것입니다. 삐쭉삐쭉 자라난 그 잎들

186

은 촘촘한 망사 천의 구멍을 빠져나오기 위해 얼마나 고군분투했는지 다섯 개의 잎이 모두 쭈글쭈글하게 주름이 져 있었습니다. 주름이 졌을 뿐만 아니라 곧게 자라난 앞쪽의 잎들에 비해 색도 옅었고 끝부분은 살짝 갈색으로 말라 있었습니다. 한마디로 못생긴 아이들이었습니다.

하지만 나는 다른 잎들에 비해 못생긴 그 다섯 장의 잎을 보면서 경외감을 느꼈습니다. 얼마나 힘든 과정을 겪었을까……. 그럼에도 생명의 과정을 성실하게 지나온 그 잎들이 참으로 대견했습니다.

그때, 이런 생각을 했습니다.

'저 잎들은 망사 천이라는 장애물을 지나는 동안 저렇게 쭈글쭈글 해지고 색깔이 옅어지고 말라버렸다…… 하지만 지금의 이 모습은 끝 끝내 생명을 포기하지 않았던 삶의 흔적이다…… 곧고 짙게 자랄 수 있는 환경을 갖지 못했기에 저런 모습으로 자랐지만, 살아 있다는 그 자체만으로도 저 아이들은 아름답다…… 생명은 무엇이든 살아가기 위해 애쓰고 있다…….'

망사 천을 걷어내고 시간이 조금 지나자, 그 잎들은 위로 곧게 자라기 시작했습니다. 쭈글쭈글했던 주름도 서서히 펴지고 짙푸른 색도 회복했습니다. 자세히 들여다보면 힘겹게 망사 천을 뚫고 나오려 고군분투했던 흔적들이 여전히 희미하게 남아 있었지만, 그 흔적들로 인해 다섯 장의 잎들은 더욱 특별해 보였습니다.

우리 주변에는 착하고 예쁜 아이만 있는 것이 아닙니다. 삐뚤어지

고 모난 아이들도 많지요. 단순히 어른들 말을 안 듣고 제멋대로이거나 타인에게 심한 적의를 드러내는 정도가 아니라, 심할 경우에는 또래의 다른 아이를 집단으로 괴롭히고 심지어 범죄를 저지르는 아이들도 있습니다. 왕따로 괴롭힘을 당하던 아이가 스스로 목숨을 끊었는데도 가해자 아이들은 자신이 무엇을 잘못했는지 반성할 줄 모르더라는 이야기를 신문에서 접하기도 합니다. 그럴 때면 가슴 한 곳에 단단한 응어리가 진 것처럼 답답하고 아픕니다.

그렇다고 해서 그 아이들을 미워해야 할까요? 더 이상 문제를 일으키지 않도록 격리시켜야 할까요? 겉으로 드러난 사실만을 두고 감정을 앞세우거나 현실적인 대안을 생각하기에 앞서 따뜻한 시선으로 그 아이들을 바라볼 수는 없을까요? 그 아이들 역시 온갖 장애를 뚫고 살아남기 위해 그렇게 된 것이라고…… 지금 그 아이들의 모습은 힘겨운 나날을 견디고 살아가기 위해 고군분투한 삶의 흔적이라고…… 어른들이, 세상이 그런 마음으로 아이들을 바라볼 때 그 아이들은 그제야 비로소 곧게 자랄 환경을 갖게 될 것이라고 말입니다.

🍂

M 군은 2004년 2월부터 저와 함께 길을 걷기 시작했습니다. 그리고 시간은 어느덧 끄트머리에 이르렀습니다. 봄, 여름을 지나면서 풍

성했던 우리의 텃밭에는 그동안 무와 방울토마토와 고구마와 감자와 파가 자랐습니다. 그리고 11월이 되었을 때 모든 수확이 끝난 텃밭은 휑하니 텅 비었습니다. 헤어질 시간이 다가온 것이지요.

청소년들은 참 빨리 자랍니다. 9개월 사이에 M 군은 몰라볼 정도로 키가 자랐습니다. 키만 자란 것이 아니라, 코와 턱 밑에 거뭇거뭇한 수염이 자리 잡고 행동거지도 무척 어른스러워졌습니다. 그렇지만 원예치료 프로그램에 함께 참여한 동생들이 우스갯소리를 하면 해맑게 씩 웃으며 금세 아이로 돌아가고는 했습니다.

10월의 평가지에 M 군은 '희망이란?'이라는 질문에 이렇게 답했습니다.

다음번엔, 이다음엔 더 나아질 것이라는 다짐

그리고 그 옆에 괄호를 하고 조그맣게 이렇게 써두었습니다.

(마음속 방에 달린 창과 같아서, 방 안 공기가 답답하고 짜증나다 못해 썩을 때, 희망이 열리면 신선한 바람, 따뜻한 햇빛이 들어와 숨 쉴 수 있게 해준다.)

'정원활동을 하면서 마음으로 얻은 것은 무엇입니까?'라는 질문에도 참 기특한 답변을 내놓았습니다.

▲ 같던 내 마음이 ■처럼 변했다가 ○인 상태가 되었고, O로 되어갈 것이다. 늘 답답하고, 의지할 곳을 찾던 내가 조금은 침착하게, 여유로운 마음을 갖고 기다릴 줄 아는 마음을 얻게 되었다.

나는 불안했다.

인생이란 긴 마라톤에서 어깨 위에 고민, 공부, 불안감이란 짐을 가득 지고 외줄타기 하듯 늘 불안하고 답답했다. 이젠 예전처럼 그렇게 불안하지도 답답하지도 않다. 대신 내 자신에게 최면을 거는 방법을 알게 되었다.

'넌 최고다, 행복하다, 남을 배려할 줄 안다.'

M 군은 불안했던 겁니다. 답답했던 겁니다. 숨이 막혔던 겁니다. 그래서 불안하다고, 답답하다고, 숨이 막힌다고 세상을 향해 소리쳤던 겁니다. 어른들은 그런 M 군에게 '문제아'라는 낙인을 찍었습니다. 견디기 위해서, 살기 위해서 그렇게 할 수밖에 없었던 것인데, 그걸 어른들은 꾸짖고 나무랐던 겁니다.

지난 9개월 동안 텃밭에서 땀을 흘리면서 식물들이 자라고 성장하고 열매를 맺고, 또 수확이 끝난 뒤에 텃밭이 텅 빈 것을 지켜본 M 군의 마음에는 무엇이 자리 잡았을까요? 그것을 꼭 집어서 말할 수는 없습니다. 인문을 다루는 모든 학문이 그렇듯, 원예치료 역시 1을 넣으면 1-1이 나오는 천편일률적인 결과를 기대할 수는 없으니까요. 다만 생명을 양육하는 동안 M 군의 마음속에는 생명에 대한 이해와 신뢰가 자리 잡았을 거라고 확신할 수 있었습니다. 그런 마음을 갖게 된 M 군의 눈에 돈과 물질 때문에 악다구니를 했던 어른들의 행동 역시 살아남고 살아가기 위해 애쓰는 모습의 한 부분으로 받아들여졌습니다. 자신에게 과도하게 기대를 걸었던 부모님의 마음도 아마 이해할 수 있게 되었을 겁니다.

물론 생에 대한 이해와 신뢰가 갑자기 세상을 변화시킬 수는 없습니다. M 군이 생을 신뢰하고 이해한다고 해서 돈 때문에 틀어졌던 어른들의 관계가 갑자기 기적적으로 회복되지는 않을 테고, 또 어른들을 서로 멀어지게 했던 돈 문제가 갑자기 사라지는 것도 아닐 테니까요. 하지만 이제 M 군은 같은 일을 겪어도 그것을 혐오하고 증오하기보다는 좀 더 따뜻한 시선으로 바라볼 수 있는 마음을 갖게 되었습니다. 세상을 따뜻한 시선으로 바라보는 사람은 타인에게 상처를 주지 않을 뿐만 아니라 그 자신 역시 상처를 덜 입습니다. M 군은 9개월 사이에 이전보다 훨씬 더 단단한 사람이 되었으니까요.

원예치료를 진행하면서 평가지를 받다 보면, 어떨 때는 실망스러운 때가 있습니다. 자신의 말이 아니라 세상에 떠도는 말들을 조합해서 자기 것인 양 평가지에 적어놓은 것을 발견하기도 하거든요. 제게 사람의 마음을 활짝 열 수 있는 마법의 열쇠가 있다면 좋겠지만, 죽는 날까지 아무리 기를 쓰고 노력한다 해도 그건 불가능한 일입니다. 그래서 그런 평가지를 만나면 며칠 동안 몹시 슬프기도 합니다.

반면에 쓴 사람의 진심이 묻어나는 평가지를 만날 때면 몇 날 며칠이고 콧노래를 흥얼거릴 정도로 기분이 좋아집니다. 그런 평가지에는 마음의 흔적이 고스란히 묻어 있을 뿐만 아니라, 식물 기르기를 하는 동안 조금씩 쌓인 것들이 큰 깨달음으로 변화하는 과정이 담겨 있습니다. M 군의 평가지가 바로 그런 것이었습니다.

M 군은 최종 평가지의 마지막 페이지에 이렇게 적었습니다.

기도하며 겸손하고 배려하는 자세로 기다리고 기다리겠다.

'기다리겠다.'

M 군의 글을 읽으면서 저는 이 아이의 생각이 무척 깊은 곳까지 닿았다는 것을 알아차렸습니다.

어떤 중요한 결심과 결단을 해야 하는 순간에 우리 대부분은 무언가를 하겠다고, 무언가가 되겠다고 마음먹습니다. 그리고 그렇게 한 지점을 향해 부단하게 노력하는 모습에서 인간의 의지를 발견하고 대부분의 사람이 그러한 의지를 높이 삽니다. 그러나 어떤 어른은 "뭐? 마냥 기다리겠다고?"라며 호통을 쳐서 또 M 군을 기죽게 할지도 모릅니다.

M 군은 기다리겠다고 했습니다. 무언가를 하기 위해 또는 무언가가 되기 위해 아등바등하기보다는 찬찬히 자기 자신을 다스리면서 세

상과 호흡하며 언젠가 찾아올 '그것'을 기다리겠다고 했습니다. 저는 믿고 있습니다. 분명 M 군의 그 기다림은 사람들이 일반적으로 생각하는 기다림과는 다를 거라고요. 그리고 '기다리겠다'고 말할 수 있는 그 마음 정원에는 묵직한 깨달음이 있을 거라고요.

기다림 속에 담긴 기대와 희망

이 세상에서 가장 수명이 긴 생물이 무엇일까요? 수백 년을 사는 거북이가 있다고는 하지만, 아무래도 수명 콘테스트에서 우승 확률이 높은 생물 종은 동물보다는 식물일 것입니다. 아메리카 대륙의, 키가 백 미터 가까이 자랐다가 쓰러진 나무들의 나이테를 조사해보면 그 나무들의 생장 기간이 예수가 태어난 시점까지 거슬러 올라간다고 하네요. 실제로 비가 거의 내리지 않는 건조한 지대에서 살아가는 식물들의 종자는 길게는 수십 년 동안 씨앗 형태로 기다리다가 비가 내리는 순간에 일제히 발아합니다. 하지만 식물의 경이로운 생명력을 말해주는 일례로 고대의 시간에서 건너온 한 알의 목련 씨앗만큼 좋은 것이 없을 듯합니다.

일본의 고고학자들이 아사다 지방에서 2,000년 전에 형성된 것으로 보이는 집단 거주지를 발견했습니다. 그곳에 살았던 주민들은 일본에서 처음으로 벼농사를 시작한 사람들이었습니다. 그들은 수확한 작물 가운데 일부를 용기에 담아 땅속 구덩이에 저장해두었는데, 그 볍씨가 2,000년이 지난 오늘날에야 발굴되었습니다.

볍씨를 살펴보던 학자들은 그 볍씨들 가운데 생김새가 특이한 씨앗 하나를 발견했습니다. 2,000년 전의 농부가 실수로 그랬는지 어땠는지 알 수 없지만 볍씨들 사이에 목련 씨앗이 한 알 섞여 있었던 것입니다. 그 씨앗은 아직 생명의 기운을 간직하고 있었을까요? 볍씨들이 그런 것처럼, 2,000년이라는 시간을 보내는 동안 목련 씨앗도 색이 까맣게 변해 있었습니다.

식물학자들은 그 목련 씨앗을 땅에 심기로 했습니다. 과연 이 목련 씨앗은 싹을 틔울 수 있을까요?

그랬습니다. 목련은 2,000년 동안 흙도 물도 햇빛도 접하지 못한 채 바싹 말라 있었지만 홀로 긴 세월을 견뎠습니다. 고대의 시간에서 건너온 목련 씨앗은 아무런 일도 없었다는 듯 다른 목련 씨앗과 마찬가지로 때가 이르자 싹을 틔우고 자라나기 시작했습니다.

그로부터 10년이 지난 뒤 목련은 어엿한 나무로 자랐습니다. 그리고 드디어 나무에서 꽃이 피었습니다. 현대의 목련은 잎이 대부분 여

섯 장인 데 비해 이 고대의 세계에서 온 목련은 잎이 일곱 장에서 여
덟 장이었습니다. 식물학자들은 2,000년 전의 목련이 원래 그랬는지,
아니면 현대의 목련과 이 목련이 다른 종인지는 밝히지 못했습니다.
어쨌든 고대의 목련은 2,000년이라는 시간을 보내는 동안에도 본성을
훼손당하지 않고 자기만의 모습을 간직한 채 아주 잘 자라주었습니다.

동물의 태아가 어미의 뱃속이나 알 속의 꼭 알맞은 환경에서 일정
한 기간을 기다리다가 어김없이 세상에 고개를 내미는 것과 달리, 식
물의 씨앗은 태어나는 순간 외부에 노출되기 때문에 발아하기 위해서
는 전적으로 주변 환경에 기댈 수밖에 없습니다. 그래서 환경이 맞지
않으면 고대의 목련처럼 2,000년이 넘는 시간을 동면 상태에서 기다
리기도 합니다.

식물은 생각과 의지가 없기 때문에, 씨앗의 이 기다림을 우리는 자
연의 메커니즘에 따른 기계적인 반응으로 해석할 수도 있습니다. 하
지만 '생명은 무엇이든 살아가기 위해 애쓴다'는 명제와 씨앗의 이 끈
질긴 기다림을 연결시킨다면, 그리고 식물 종마다 자신이 발아할 때를
스스로 알고 있다는 사실을 알게 된다면 식물의 기다림은 결코 하찮
게 지나칠 수 없는 경이로움으로 다가올 겁니다.

원예학 용어 중에 '적산 온도(積算溫度, accumulated temperature)'라는 말이 있습니다. 적산 온도란 농작물이나 식물이 생명 활동을 시작하는 최저 온도와 일평균기온의 차이를 합한 것을 말합니다. 이렇게 전문 서적에 적혀 있는 단어로 설명하니까 무슨 말인지 감이 잘 오지 않을 거예요. 그럼 예를 들어보겠습니다.

추운 지방에서도 잘 자라는 감자는 땅에 심어진 뒤 기온이 5도가 되어야 생명 활동을 할 수 있습니다. 기온이 5도 이하로 내려가면 감자는 동면 상태에 빠져든 것처럼 생명 활동을 잠시 멈추는데, 이 기간이 길어지면 결국 감자는 죽고 맙니다. 어떤 책에서는 식물이 생명 활동을 시작할 수 있는 최저 온도를 '생리적 영점'이라고 표현하기도 합니다. 5도가 감자의 생리적 영점인 거죠. 이 생리적 영점은 식물마다 달라서 더운 지방에서 자라는 여름철 작물은 대개 10도이고, 어떤 식물은 15도나 된다고 해요. 이런 식물은 이상 기온으로 한파가 닥치면 금세 얼어 죽고 말겠죠? 그럼 다시 적산 온도로 돌아가볼까요?

이 책을 읽고 있는 당신을 주인공으로 하겠습니다.

당신이 어느 날 아침, 텃밭에 감자를 심었습니다. 그날의 일평균기온이 8도였다면, 그날은 감자의 생리적 영점인 5도보다 기온이 3도 높습니다. 그러면 당신은 적산 온도를 기록하는 노트에 '3도'라고 적습니다. 그 다음 날은 일평균기온이 9도였습니다. 그러면 당신은 노트에 '4도'라고 기록합니다. 그런데 그 다음 날은 갑자기 날이 추워져서

201

일평균기온이 2도밖에 안 되었습니다. 그러면 '-3도'라고 적을까요? 아닙니다. 그날은 그냥 기록을 하지 않아요. 적산 온도를 계산할 때 그 식물의 생리적 영점보다 일평균기온이 낮은 날은 계산에 아예 포함시키지 않거든요. 다행히 그 다음 날에는 기온이 올라서 일평균기온이 8도였습니다. 그러면 다시 당신은 '3도'라고 기록을 해요. 그럼 이날까지 당신의 노트에 기록된 온도를 모두 더하면 얼마인가요? 10도입니다. 적산 온도는 이런 식으로 계산합니다.

그런데 사람들은 왜 이렇게 귀찮은 것을 계산하기 시작했을까요?

그 이유는 농작물이나 식물들이 저마다 일정한 적산 온도에 도달했을 때 성장과 수확이 가능하다는 사실을 알아냈기 때문입니다. 따라서 일평균기온과 어떤 식물의 적산 온도를 알고 있다면 그 식물이 언제 싹을 틔우고 열매를 맺을지 예측할 수 있는 것이죠. 그리고 이 적산 온도를 인위적으로 조절한다면 농작물의 출하 시기를 앞당기거나 늦출 수도 있습니다. 비닐하우스가 바로 이런 원리를 이용한 것입니다.

그럼 당신이 심은 감자의 적산 온도는 몇 도일까요? 1,000도입니다. 감자는 자신의 생리적 영점과 일평균기온의 차이에서 발생한 온도의 합이 1,000도에 이르렀을 때 비로소 수확이 가능합니다. 다시 말해서 당신의 노트에 기록한 온도들의 총합이 1,000이 되었을 때 땅속의 감자는 잎을 틔우고 뿌리를 내리고 성장하기 시작해 수확이 가능해집니다. 보리의 적산 온도는 1,600도이고, 벼는 2,500도입니다. 적산 온도가 낮은 식물들은 땅에 심은 지 오래지 않아 금세 꽃을 피우거나 열매를 맺을 수 있겠죠?

그런데 누가 이런 계산법을 생각해냈을까요? 동전을 모으거나 벽돌을 쌓듯이 식물들이 자기 안에 온도를 차곡차곡 쌓아간다는 이 아이디어가 참으로 동화적이어서 나는 '적산 온도'라는 말을 좋아합니다. 상상해보세요. 땅속의 감자가 저금통에 저금을 하듯 꼼꼼하게 온도를 모으는 모습을요. 오늘은 5도. 오늘은 8도. 야호, 오늘은 12도! 그러다 기온이 낮은 어느 날에는 허탕을 쳤다고 실망하기도 하겠죠. 날이 여름으로 다가갈수록 하루에 저금하는 온도도 점점 많아질 거예요. 그러다 저금통 속의 온도가 1,000도가 되면 "이제 됐어!"라며 기지개를 활짝 켜는 겁니다. 물론 발아 시점에 감자의 실제 온도가 1,000도라는 말은 절대 아니에요. 그럼 구운 감자가 되어버리고 말 테니까요.

식물이 본격적인 성장과 열매 맺기를 위해 자기 안에 온도를 쌓아간다는 사실은 우리에게 많은 것을 이야기해줍니다. 운동선수에게 그것은 하루 동안 흘린 땀방울의 크기일 것이고, 학생에게 그것은 하루 동안 넘긴 책의 페이지와 같을 것이고, 내 집 마련을 위해 애쓰는 가장에게 그것은 매달 통장에 쌓이는 숫자와 같은 것일 거예요. 식물은 적산 온도를 통해 모든 일에는 그것이 무르익는 때가 있다는 생의 일면을 우리에게 보여주고 있습니다.

식물은 우리에게 아무것도 직접 말해주지 않고 가르쳐주지도 않습니다. 하지만 살아 있는 것 모두가 같은 생명의 테두리 안에 있다는 수평 관계에서 생각하면 우리는 식물로부터 이처럼 놀라운 것들을 배울 수 있습니다.

　　🍁

　얼마 전 가족과 친척들이 한자리에 모였습니다. 청년 실업이 우리 사회의 큰 문제가 되고 있는데, 그 자리에 참석한 사촌 조카들 중에 대학을 졸업하고도 몇 년째 취직을 하지 못한 친구가 한 명 있었습니다. 자주 보지는 못했지만, 가끔 볼 때마다 성격이 참 느긋하다는 느낌을 주는 친구였습니다.

　대개 오랫동안 취직을 못하거나 나이가 찼는데도 결혼을 하지 못한 젊은이들은 친척들이 모이는 자리에 오는 것을 꺼리게 마련입니다. 하지만 성격이 느긋해 보이는 그 조카는 그 자리에 참석해서는 아무런 거리낌 없이 사회에 진출한 또래의 친척들과 어울리고 있었습니다. 그날, 아들이 취직을 했느냐는 질문을 자주 받아 잔뜩 신경이 날카로워져 있던 그 조카의 엄마가, 어엿한 직장인이 된 친척들 사이에서 속도 없이 웃고 떠드는 아들을 발견하고는 속이 뒤집힐 대로 뒤집혀서 버럭 소리를 질렀습니다.

　"취직도 못하고 아직 용돈도 타 쓰면서 웃고 떠들 마음이 생기니?"

순간, 찬물을 끼얹은 듯 분위기가 가라앉고 말았습니다. 잠시 얼이 빠져 있던 조카는 아무 일 없었다는 듯 씩 웃어 보이고는 "에이, 기다리다 보면 좋은 날 오겠죠?"라고 능청을 떨었습니다. 나는 그렇게 말하는 조카가 참 마음에 들었지만, 고지식한 어른들은 그 조카를 꾸짖기 시작했습니다.

"젊은 녀석이 이렇게 의지가 없어서야……."

"기다리면 좋은 날이 온다고? 퍽이나!"

어른들의 야단에 잔뜩 기가 죽은 조카는 고개를 숙인 채 슬그머니 자리를 피했습니다.

어른들은 조카의 '기다린다'는 그 말을 아무런 노력도 하지 않으면서 마냥 요행과 행운을 바란다는 의미로 받아들인 것 같았습니다. 근대부터 현대에 이르는 동안 우리나라의 어르신들은 고생을 참 많이 했습니다. 지금도 우리 사회에는 숱한 경쟁에서 이겨야만 인정을 받고 사회적으로 성공한다는 분위기가 팽배해 있습니다. 특히 젊은 시절에 기를 쓰고 피땀을 흘려야만 한다는 인식이 만연해 있습니다. 그러니 조카가 그런 타박을 들었던 것이지요.

하지만 기를 쓰고 아등바등한다고 해서 삶이 뜻대로 되는가요? 치밀한 계획을 세운다고 해서 의도한 대로 흘러가나요? 자신의 삶을 더 나은 곳으로 이끌기 위한 모든 노력에 응원과 박수를 보내지만, 그렇다고 해서 무언가를 기다리는 삶이 무의미하거나 하찮은 것은 절대

206

아닙니다.

삶은 때때로 의외성과 우연성의 지배를 받습니다. 그래서 우리는 전혀 예상치 못한 문제나 장벽과 맞닥뜨리기도 합니다. 이럴 때 삶은 뜻대로 되지 않습니다. 내가 가진 능력의 범위 밖에 있는 일이 있을 수도 있고, 내 힘으로는 어쩔 도리가 없는 상황이 벌어지기도 합니다. 그리고 어떤 것도 해볼 엄두를 낼 수 없는, 꼼짝 못할 지경에 처하기도 합니다.

우리는 이미 이러한 경험을 수없이 해왔습니다. 때로는 역경을 이겨내고 우뚝 서기도 했지만, 때로는 반복되는 어려움에 무언가를 포기하거나 단념하기도 했습니다. 그런 일을 겪고 난 뒤에 우리에게는 어떤 일이 일어났나요? 모든 것이 그 순간에 끝나거나 정지했나요? 아닙니다. 꼼짝 못할 지경에 이르렀어도 우리는 다음날에 무언가가 찾아오리라는 것을 알기에 다시 삶을 이어갔습니다. 그렇게 기다림이 시작됩니다.

원예치료 프로그램의 최종 평가지에 '기도하며 겸손하고 배려하는 자세로 기다리며 기다리겠다'라고 썼던 M 군의 기다림은 어떤 것이었을까요?

기다림은 우연에 기대는 것이 아닙니다. 수동적인 자세로 무언가가 찾아오기를 마냥 바라고만 있는 것도 아닙니다. 또한 마음과 의지가 약하다거나 세상일에 무관심한 것과도 차이가 있습니다. 기다림은 지금 당장 무언가를 해결하거나 넘어서지 못할 때 나타나는 궁색한 행위이지만, 세상에 대한 일말의 믿음이 없다면 기다리는 일조차 우리는 할 수 없습니다. 기대와 소망이 있기에 우리는 기다릴 수 있습니다.

불안하고 답답하고 숨이 막힐 것만 같았던 M 군이 '기다리겠다'고 말할 수 있었던 것 역시 자신의 미래를 신뢰했기 때문이었습니다. 눈 속에 묻힌 한 알의 씨앗이 봄이 올 것을 아는 것처럼, M 군은 자신의 삶 속에서 언젠가 가슴 벅찬 순간을 맞이하리라는 기대와 소망과 희망을 품었기에 기다리겠다고 말할 수 있었던 것이지요.

일상의 작은 변화와 감동이
우리를 살게 한다

부끄럽게도 OECD 국가들 중에서 우리나라의 자살률이 1위라고 합니다. 특히 지난 10년 사이에 청소년의 자살률이 급격하게 올라가면서 우리나라의 전체적인 자살률이 급상승했다고 합니다. 그만큼 우리나라의 전체 자살률에서 청소년의 자살률이 차지하는 비중이 크다는 말이지요.

무엇이 우리 아이들을 죽음으로 내몰고 있을까요? 생명은 무엇이든 살아가기 위해 애쓰고 있다는 대전제를 무색하게 만드는, 이 죽음의 행렬은 왜 시작되었을까요?

언론과 전문가들은 아이들을 과도한 경쟁으로 내모는 교육 시스템,

과하게 넘치거나 턱없이 부족한 부모들의 관심, 학교 폭력과 왕따, 공부를 해야 하는 목적을 잃어버린 데서 오는 상실과 좌절 등을 이유로 꼽습니다. 모두 타당합니다. 비단 아이들만 이러한 상황에 처해 있는 것은 아닙니다. 어른들도 직장과 사회에서, 그리고 숱한 인간관계에서 같은 어려움을 겪습니다.

근본적인 문제는 우리 스스로 선택한 이 사회 시스템으로 인해 우리 사회가 총체적으로 꿈을 잃어버렸다는 데 있습니다. 사람은 누구나 잘살고 싶어 합니다. 그런데 '잘사는 삶'의 모형이 어긋나버린 것이지요. 잘사는 데 있어 꼭 필요한 행복은 정작 가장 나중으로 미루어버린 채 당장의 수입과 성적과 외모와 스펙에만 연연합니다. 초등학생 아이에게 "꿈이 뭐니?" 하고 물으면 공무원이 되겠다거나 대기업에 취직하겠다거나 연예인이 되겠다고 답하는 것이 지금의 현실입니다. 이 아이들이 '꿈'을 이와 같은 '직업'으로 대체해버린 것은 진정한 의미의 꿈과는 상관이 없습니다. 안정적으로 살고 싶고 많은 돈을 벌어 풍족하게 살고 싶고 다른 사람들로부터 주목받고 싶은 어른들의 욕구가 아이들의 마음을 잠식하면서 꿈이 공무원, 대기업 사원, 연예인으로 나타난 것이지요.

꿈꿀 줄 모르는 사람은 미래를 그릴 줄 모릅니다. 지금의 이 고통스러운 시간이 지나고 나면 다시 무언가가 찾아오리라는 믿음을 가질 수도 없습니다. 그래서 당장 닥친 고난의 순간이 생의 전부라고 생각해버립니다. 더 이상 기다릴 것도 없고 기대하거나 소망하거나 희망할 것도 없는, 모든 것이 끝나버렸다고 믿는 사람이 선택할 수 있는 것이 무엇일까요?

🍂

인천의 아파트에서 주민들과 함께 화단을 가꾸었던 일에 대해 이야기한 걸 기억하실 겁니다. 그때 프로그램에 참여했던 이들 중에 K라는 여성이 있었습니다. 내가 다섯 번째 그곳에 찾아갔을 때부터 참여하기 시작한 K는 프로그램이 진행되는 동안 있는 듯 없는 듯 지냈지만, 단 한 번도 수업이나 활동을 빠뜨리지 않는 성실한 '학생'이었습니다.

아파트 주민들은 K가 프로그램에 참여한 것을 두고 다소 의아하게 생각했습니다. 그녀가 몇 동 몇 호에 사는지 다들 알고 있었지만, 지금껏 반상회에 단 한 번도 얼굴을 비치지 않았고 슈퍼마켓 같은 곳에서 우연히 만나도 아는 체를 하기가 민망할 정도로 사교성이 전무한 사람이었기 때문이었습니다.

프로그램을 진행하다 보면 여러 유형의 사람을 만나게 됩니다. 어떤 사람은 다가가면 다가가는 만큼 반향이 돌아옵니다. 또 어떤 사람은 내가 다가가기 전에 먼저 다가와 자신에 대해서 들려주기도 합니다. 하지만 어떤 사람은 적당한 거리를 둔 채 지켜봐주는 것이 그 사람을 편하게 해주는 것이기도 하지요. K는 세 번째 유형의 사람이었습니다. 처음 만난 날, 직감적으로 그녀가 내면의 고통을 겪고 있다는 사실을 알아차린 후 그저 그녀가 빠짐없이 활동에 참여해주는 것만으로도 저는 고맙게 생각하고 있었습니다.

우리가 함께한 지 한 달가량 지났을 때였습니다. 접시 정원을 만드는 수업을 마친 뒤였습니다. 준비해온 재료들을 정리하는데, 곁에서 우물쭈물하고 있던 K가 거들기 시작했습니다. 무언가 내게 하고 싶은 말이 있다는 느낌이 들었습니다. 그래서 제가 먼저 그녀에게 이야기를 꺼냈습니다.

"우리랑 함께해주어서 얼마나 고마운지 몰라요. K 씨께서 우리 프로그램에 참여한 뒤로 분위기가 아주 좋아졌어요."

실제로 그랬습니다. K는 우리 프로그램에 활력소가 되었습니다. 그녀가 다른 주민들과 잘 어울리거나 분위기를 이끌었기 때문은 아니었습니다. 같은 아파트에 살면서도 얼굴 보기가 힘들었고, 우연히 만난다 해도 아는 체하기 힘들었던 이웃이 프로그램에 참여한 사실 그 자체가 주민들 사이에서 화제가 되었고, 평소 친하게 지내던 사람들만으로 이루어져 있던 구성원에 작은 변화가 생기면서 신선한 분위기가 형성된 것이었습니다.

내 말에 K는 의아하다는 표정을 지었습니다.

"그냥 하는 말이 아니에요. 모두들 K 씨에게 관심을 갖고 있어요.

끝까지 우리랑 함께했으면 좋겠어요."

그녀는 수줍은 미소를 지었습니다.

"몇 년 전만 해도 제가 이렇게 말이 없는 사람은 아니었는데……."

K가 드디어 말문을 열었습니다.

그녀에게는 남편과 아들이 한 명 있었습니다. 남편은 새벽부터 밤 늦게까지 하루 종일 바깥에서 힘든 일을 했습니다. 성적에 욕심이 많 았던 고등학교 2학년 아들 역시 이른 아침에 학교에 가서 하루 종일 학교와 학원을 오가다 늦은 밤에야 돌아왔습니다. 늘 피곤에 지쳐 있 는 남편은 집에 돌아오자마자 잠들기 바빴고, 아들은 자기 방에 틀어 박혀 꼼짝도 하지 않았습니다. 남편과 아들이 바깥에서 저녁을 먹기 때문에 가족이 함께 테이블에 둘러앉아 밥을 먹어본 지도 오래되었다 고 했습니다.

그즈음 그녀는 자신이 방치되고 있다는 생각이 들기 시작했습니다. 너무 괴롭고 슬퍼서 병원에 찾아가기도 했습니다. 그녀는 우울증 진단 을 받았습니다.

"아들이 초등학생일 때는 세 식구가 같이 외식도 자주 하고, 좋은 날에는 공원에 나들이를 가기도 했어요. 그러다 남편 사업이 기울고 아들이 고등학생이 되면서 다들 너무 바빠지기 시작했지요. 남편은 빚 을 갚으려고 택배 일에 대리운전까지 하고 있어요. 아들은 원래 공부 에 애착이 많았지만, 요즘 그 애를 보고 있으면 어서 빨리 이 집에서 벗어나고 싶어 하는 것만 같아요. 이 집에서 달아나기 위해 기를 쓰고 공부를 하는 것처럼 보여요."

그녀는 그동안 가슴에 쌓인 말을 모두 토해내려는 것처럼 보였습니다. 오랫동안 이 순간을 기다려온 것 같았습니다.

"가장 힘든 일은 손톱만큼도 즐겁지 않은 똑같은 하루하루가 영원히 계속될 것 같다는 느낌이에요. 이렇게 더 살아봐야 좋은 날이 올 것 같지 않아요. 그래서 그만 다 포기하고 싶다는……."

K는 목이 메어 더 이상 말을 잇지 못했습니다. 그녀의 다음 말을 기다렸습니다. 내가 이곳까지 와서 원예 프로그램을 진행하게 된 것이 모두 K를 위한 것이 아니었나 하는 생각이 들었습니다. 그리고 아파트 주민들과의 만남에, 특히 K와의 인연에 깊이 감사했습니다.

K가 원예 프로그램에 참여하게 된 것은 강낭콩 때문이었습니다. 아파트 주민들과 본격적인 정원활동을 시작하기 전에 나는 주민들의 더 많은 참여를 유도하기 위해 각 세대에 강낭콩을 나누어주도록 했습니다. 이웃이 전해준 강낭콩을 받아든 그녀는 오랫동안 베란다 한 구석에 방치되어 있던 작은 화분에 강낭콩 세 알을 심었습니다. 그리고 오래지 않아 작은 싹이 났습니다.

그때부터 K는 아파트 주차장에서 화단을 가꾸고 있는 이웃을 훔쳐보기 시작했습니다. 하지만 그녀는 사람들에게 다가갈 수 없었습니다. 함께하고 싶은 마음은 굴뚝같았지만, 오랜 시간 집 안에 틀어박힌 채 슬픔에 잠겨 있던 그녀가 다른 사람에게 다가가기 위해서는 엄청난 용기가 필요했습니다.

그러던 어느 일요일이었습니다. 테이블 위에 둔 강낭콩 화분을 본 아들이 물었습니다.

"엄마, 저게 뭐예요?"

집을 나서거나 들어올 때 형식적인 인사만 건네던 아들로부터 실로 오랜만에 들어보는 '대화'였습니다. 모든 것이 정물처럼 멈추어 있던 집에 순간 희미한 생기가 반짝였습니다. 그 말이 뭐 그리 대단하다고, K는 그만 눈물을 글썽이고 말았습니다.

"응, 강낭콩. 지난주에 심었어."

아들은 매우 신기한 물건이라도 마주한 듯 오랫동안 강낭콩을 들여다보았습니다.

"초등학생 때 강낭콩을 키운 적이 있었는데……. 그때 그 강낭콩이 어떻게 되었는지 기억이 잘 나질 않아요."

그 순간, K는 아들이 무척 외로워 보인다고 느꼈습니다. 그녀는 줄곧 자신이 방치되고 있다고 생각하며 남편과 아들을 야속하게 생각했습니다. 그런데 어쩌면 자신과 마찬가지로 아들 역시 방치되고 있었는지도 모른다는 생각을 그녀는 하게 되었습니다.

그 일이 있고 나서 K는 우리 프로그램에 합류했습니다. 이웃들과 함께 주차장 주변의 화단을 가꾸면서 그녀는 자신의 집 베란다에 방치되어 있던 화분들을 꺼내어 꽃을 심기 시작했습니다. 그녀의 아들이 그랬던 것처럼, 남편도 새싹이 고개를 내민 화분을 보고는 이게 뭐냐고 물었습니다. 아들이 엄마를 대신해서 답했습니다.

"모르셨어요? 요즘 엄마, 아파트 화단 가꾸는 일을 하고 있잖아요."

남편이 '그래?'라고 묻는 듯한 표정으로 바라보았습니다. 그러고는 집을 나서며, "나도 도울게"라고 말했습니다.

여기까지가 그날 K와 나눈 대화의 전부입니다. 그녀는 일요일에 남편이 자신과 함께 화단 가꾸는 일을 해줄지 어떨지 기대와 걱정에 싸여 있었습니다. 남편이 자신과 함께 시간을 보내준다면 더없이 멋진 일이지만, 또 일 때문에 바빠서 약속을 지키지 못한다면 실망이 클 것 같다고 했습니다. 저 역시 K와 같은 마음이었습니다.

그리고 그 다음 주의 프로그램 시간에 K의 얼굴을 본 순간, 저는 가슴속에 환한 빛이 스며드는 것 같은 희열을 경험했습니다. 그녀는 이웃들 틈에서 예전의 그 말수 없는 사람으로 조용히 있었지만, 자신이 다른 삶을 살기 시작했다는 점을 환한 미소를 통해 말해주었습니다. 아닌 게 아니라 한층 예뻐진 K를 보고 이웃들도 모두들 한마디씩 보탰습니다.

화단으로 걸어가는 동안 K가 낮은 목소리로 말해주었습니다.

"지난 일요일에 남편이랑 아들이 화단 가꾸는 일을 도와주었어요."

생명이 머무는 시간 속에는 매 순간 숱한 변화가 일어나고 있습니다. 하지만 우리의 마음이 닫혀 있을 때는 주변에서 일어나는 변화를 알아차리지 못하고 지나칩니다. K는 정체된 삶에 갇혀 있다고 생각하며 영원히 고정되고 변하지 않을 것만 같은 답답한 일상에 두려움과 슬픔을 느꼈습니다. 하지만 그 단단해 보이던 집 안의 텁텁한 공기와 무거운 일상은 사실 강낭콩 한 알을 향한 관심만으로도 쉽게 무너질 수 있는 것이었습니다.

혹시 무언가 엄청난 것이 찾아와야만 삶의 방향이 바뀔 것이라고 생각하며 살아가고 있진 않나요? 신의 계시나 기적 같은 신비로운 체험, 로또에 당첨되는 벼락 행운 같은 것을요. 하지만 감동은 기대하지 않은 것이나 일상의 사소한 변화를 발견하는 가운데 찾아옵니다. 평소와 달라 보이는 노을, 보통 때와 다른 시냇물 소리, 어제까지 보이지 않다가 모습을 드러낸 꽃 등 일상의 사소한 변화 속에서 사람은 삶에 대한 희망을 발견합니다.

늘 의기소침해 있던 엄마가 키워낸 강낭콩을 보며 K의 아들은 오래전 자신이 어렸을 때 강낭콩을 키웠던 시절로 잠시 여행을 다녀왔습니다. 그 짧은 기억 속의 엄마는 분명 지금과는 다른 사람이었을 겁니다. K는 그런 아들을 보며 자신의 아들이 예전의 엄마를 그리워하고 있다는 사실을 깨달았습니다. 아들의 그러한 마음을 엿본 어떤 엄마가 계속 정체된 삶에 머물러 있을 수 있을까요?

🍃

인천 아파트의 주민들과 함께했던 원예 프로그램은 2005년 봄에 시작되어 여름이 무르익던 7월 하순에 끝났습니다. 그들과 함께하면서 나눈 감동적인 시간의 여운은 가을이 지나고 겨울이 가까워질 때까지 계속되었습니다. 그러면서 지금쯤 화단의 꽃들이 모두 졌겠구나, 라고 혼자 생각하고는 했습니다.

그 무렵 한 통의 메일을 받았습니다. K의 아들이 엄마를 대신해서 보낸 것이었습니다.

겨울이 가까워지면서 화단의 꽃들은 앙상하게 말라버렸습니다. 하지만 꽃들은 다가올 봄을 채워줄 씨앗들을 선물로 남기고 갔습니다.

메일에 첨부한 파일을 열어보았습니다. 파일은 양손 가득 씨를 담고 있는 사진이었습니다.

우리를 살게 하는 것은 기적이나 엄청난 행운이 아닙니다. 일상 속에서 느끼는 사소한 변화와 감동이 우리를 살게 합니다. 식물은 탄생

과 성장을 통해 이 세상이 끊임없이 변화하고 있음을 말해주고, 줄기
와 잎이 마른 자리에 새로운 생명을 피워냄으로써 이 세상이 앞으로
도 지속될 것이라는 점을 이야기해주고 있습니다.

다가올 봄에도, 또 그 다음 봄에도 아름다운 이야기를 만들어나갈 K
의 가족과 인천 아파트의 주민들을 생각하니 가슴이 뭉클해졌습니다.

나는 그해 여름, 우리가 함께했던 시간의 끄트머리에 K가 쓴 평가
지를 다시 펼쳐보았습니다. 거기에는 이렇게 적혀 있었습니다.

내가 살아야 할 이유가 수백 수천 가지나 된다는 것을 알았습니다.

아흔이 가까웠던 어머니는 미국에서 오래 사셨습니다. 형제들이 미국으로 이민을 갈 때 어머니도 함께 건너가셨습니다. 안타깝게도 멀리 떨어져 있던 저는 어머니를 고작해야 1년에 한 번 정도 만날 수가 있었습니다.

어머니는 조금씩 치매가 진행되고 있었습니다. 해마다 어머니를 뵐 때면 그 정도가 심해졌습니다. 방금 했던 일을 기억하지 못할 때만 해도 연로하신 탓에 건망증이 심해진 것이라고 생각했습니다. 그런데 어느 해부터는 언제 약을 먹었는지, 언제 밥을 먹었는지 잘 생각이 나지 않는다고 하시더니 몇 해 전부터는 조금 전에 한 일조차 기억하지 못하고 자식들 얼굴도 알아보지 못하게 되었습니다.

어느 해 겨울 미국으로 갔을 때 길을 지나다 꽃이 탐스럽게 피어난 시클라멘이 하도 예뻐서 화분 여러 개를 사서는 형제들에게 선물하고 어머니에게도 드렸습니다. 며칠 지난 뒤 어머니를 모시고 동생네 집으로 향했습니다. 그런데 다음 날부터 눈이 엄청나게 내리기 시작했습니다. 발이 묶여 꼼짝할 수 없었습니다. 이틀 정도 지났을 때, 어머니가 갑자기 자신의 아파트로 돌아가자고 보채기 시작했습니다. 처음에 저는 어머니의 보챔을 치매 때문이겠거니 생각해서 신경쓰지 않고 무시했습니다. 하지만 어머니는 계속해서 아파트로 돌아가자고 성화를 부리셨습니다. 그렇게 옥신각신 조르고 무시하는 행위가 한참 동안 되풀이된 뒤에야 나는 어머니께 왜 그러시느냐고 물었습니다. 그랬더니 어머니는 이렇게 말씀하셨습니다.

"꽃에 물을 줘야 하는데……."

조금 전에 한 일조차 기억하지 못하는 어머니가 시클라멘을 기억하고 있었습니다. 원예치료를 전공한 딸이 한 일이라고는 어머니의 아파트에 시클라멘 화분을 갖다놓은 것뿐이었습니다. 그런데 치매에 걸린 어머니는 그 식물을 생명으로 느껴 돌보고자 했던 것입니다.

원예치료를 공부하고 여러 사람들과 식물 기르기 프로그램을 진행하면서 경이로운 순간들을 자주 맞이했습니다. 때로는 어떤 결과나 반응을 예상할 수도 있었지만, 어떤 때는 전혀 예기치 못한 상황들이 발생해서 나의 어깨를 죽비로 내리쳤습니다. 생의 마지막 순간, 정신이 흐릿한 가운데에도 생명에 대한 돌봄을 포기하지 않았던 제 어머니를 비롯한 모든 사람들이 스승이었습니다.

원예치료 프로그램이 모두 끝난 뒤의 어느 날, M 군이 그림과 함께 시를 보내왔습니다. M 군의 시를 여기에 옮기겠습니다. 제목은 〈가장 작은 것으로 가장 큰 것을 느낄 수 있다〉입니다.

뒷산에 내 이름이
쓰여진 푯말이 있는
작은 밭이 하나 있습니다.

그 밭에는 푸른 잡초와
지렁이도 있지만
거대한 우주도 숨어 있습니다.

낮에는 엄마 같은 햇빛이
밭을 따스하게 덮어주고,
밤에는 아빠 같은 달빛이
지친 어깨를 감싸주니까요.

단지 몇 평밖에 되지 않는

내 작은 밭엔
몇십 년이 될지 모르는
내 삶도 담겨 있습니다.

끊임없이 자라는 강인한 잡초를 뽑으며,
내 밭에 살고 있는 무를 가꾸며,
내가 살고 있는 세상과 비교해봅니다.

생명수 같은 비는
목마른 식물들에게
시원한 물도, 상쾌한 샤워도 주는
고마운 하늘의 선물입니다.

기다리던 꽃은 아름다운 만큼
마음도 곱습니다.
자신을 희생하기 때문이죠.

왜 꽃은 영원히 피어 있지 않을까요?
그건 세상에 더 많은 아름다움을 위해
양보하기 때문일 것입니다.

꽃이 진 자리엔

알찬 열매가 채워줍니다.

수많은 잡초와 곤충들의 공격을 겪은 과일은

더 달콤합니다.

자신을 지키기 위해 필사적으로 노력을 했기 때문이었겠죠.

세상은 이렇듯

작지만 소중한 것들로 이루어져 있습니다.

그리고 그것에서 우리는

각자 삶의 모습을 찾을 수 있습니다.

지금, 뒷산에서는

당신에게 이야기를 들려주고 싶어 하는

많은 밭들이 있답니다.

M 군이 그림과 시를 보내온 것이 벌써 10년 전의 일입니다. 지금 M 군은 스물일곱 살의 어엿한 청년이 되어 있겠죠. 어디서 무엇을 하든, M 군은 지금도 가장 작은 것들로부터 가장 큰 것을 배우며 자신의 밭과 이야기를 일구면서 앞으로 나아가고 있을 것입니다.

M 군이 느낀 것처럼, 식물은 우리에게 가장 작은 것에서 가장 소중하고 큰 것을 배우라고 말해줍니다. 삶은 고통이 찾아온 순간에 그대

로 멈추는 것이 아니라 계속해서 꿈틀거리며 끊임없이 변화하고 있음을 가르쳐줍니다. 그리고 삶이란 우리에게 주어진 숭고한 사명임을 알게 해줍니다.

　•

2012년 여름에 처음 이 책의 기획자와 만났고, 가을이 깊어져서야 비로소 글을 쓰기 시작했습니다. 그리고 2014년 봄에 이르러서야 이 글의 마지막을 쓸 수 있었습니다. 원고가 완성되기까지 2년 가까운 시간이 흘렀습니다. 그동안 참 많은 일이 있었습니다.

치매를 앓고 있는 중에도 시클라멘을 돌보고자 했던 어머니가 세상을 떠나셨습니다. 그리고 한 꼭지씩 글을 쓸 때마다 꼼꼼하게 원고를 정리하고 수정해서 보내주던 이 책의 기획자도 7개월이라는 시간차를 두고 두 분 부모님을 떠나보냈습니다. 그뿐만 아니라 기획자가 몇 해 동안 거의 전담해서 책을 만들었던 소설가 한 분이 오랜 투병 끝에 하늘나라로 떠났습니다. 그렇게 한 잎 한 잎 꽃이 지듯 우리 곁을 떠나가는 이들과 작별할 때마다 우리는 하던 일을 잠시 멈추어야 했습니다. 그리고 다시 시작하고는 했습니다. 발걸음이 하도 더뎌서 도저히 끝나지 않을 것만 같던 이 일도 드디어 이렇게 끝에 이르렀습니다.

아직 담아내지 못한 이야기가 많습니다. 마치 가슴속에 쌓인 말들을 다 들려주지 못하고 사랑하는 사람을 멀리 떠나보내는 것처럼 아쉬움이 진합니다. 하지만 미처 담아내지 못한 이야기들은 이 책을 읽는 분들이 더욱 아름답게 만들어가리라 믿습니다.

올 봄에도 어김없이 화단에는 풀들이 돋아났습니다. 겨우내 죽은 것처럼 바짝 말라 있던 줄기의 어디에 생명이 남아 있었는지, 때가 왔음을 안 식물들의 줄기에는 피가 돌듯 다시 물이 흐르고 누렇게 죽은 잎 사이를 헤치고 새 잎이 돋아났습니다.

그 잎을 가만히 만져봅니다. 그러자 내 마음을 어루만지는 부드러운 손길이 느껴집니다. 그리고 다시 한 번 깨닫습니다. 내가 보살피는 이 작은 생명들 역시 나를 돌보고 있었음을…….

햇살이 감싸는 봄에
최영애

국립중앙도서관 출판시도서목록(CIP)

작은 생명이 건넨 위대한 위로 : 식물 심리치유 에세이 /
지은이: 최영애. — 고양 : 위즈덤하우스, 2014
    p.;   cm

ISBN 978-89-5913-798-5 03180 : ₩13800

원예치료[園藝治療]
에세이[essay]

525.04-KDC5
635.02-DDC21   CIP2014015638

식물 심리치유 에세이

작은 생명이 건넨 위대한 위로

초판 1쇄 발행 2014년 5월 29일 초판 5쇄 발행 2017년 9월 31일

지은이 최영애
펴낸이 연준혁

출판 2본부 이사 이진영
6분사 분사장 정낙정
디자인 조은덕

펴낸곳 (주)위즈덤하우스 미디어그룹 출판등록 2000년 5월 23일 제13-1071호
주소 (410-380) 경기도 고양시 일산동구 정발산로 43-20 센트럴프라자 6층
전화 (031)936-4000 팩스 (031)903-3895
홈페이지 www.wisdomhouse.co.kr

ⓒ 최영애, 2014

값 13,800원 ISBN 978-89-5913-798-5 03180